悟空出版

令和の人気YouTuber ウォーク

WWUK

×

呉善花

元祖親日評論家 オソンファ

「親日韓国人」ですが、何か?

隣国なのにどうしてこんなにも価値観が違うのか

まえがき……「真実を学ぼう」とすることの大切さ

このたびは本書をお手にしていただき、誠にありがとうございます。

僕はＷＷＵＫ（ウォーク）と申します。

本書では、評論家の呉善花《オソンファ》先生と日本と韓国の文化の違いから歴史の話まで、幅広くお話ししていきますが、その前に少し自己紹介をしたいと思います。

僕は日本が大好きな韓国人で、日本で暮らして12年が経ちます。

韓国といえば、韓国料理、K-POP、韓流ドラマ、反日教育などが思い浮かぶのではないでしょうか。

僕も韓国の学校に通っていたころは、いわゆる「反日教育」を受けていました。

もちろん韓国の学生たちは、反日教育であるという認識で授業を受けているわけではなく、歴史授業の一環として学んでいます。僕は中学校2年生の途中でオーストラリアの学校に編入し、日本人の友達と仲良くなり、そこで知った日本が「韓国で自分が学ばされていた日本とはまったくイメージが違うこと」に違和感を覚えました。韓国の学校で学んだ日韓の歴史に疑問を持ち始め、自ら調べるようになり、真実にたどり着くことができました。母国の嘘にはショックを受けると同時に憤りを禁じ得ませんでした。

2018年12月20日15時ころ、韓国海軍の駆逐艦「広開土大王《クァンゲト・デワン》」が、日本の海上自衛隊のP-1哨戒機に対して火器管制レーダーを照射したのです。韓国は「レーダー照射していない」と主張し、むしろ日本の哨戒機が韓国艦艇に低空接近して「威嚇飛行した」と論点をずらし、証拠として5枚の画像を公開しましたが、どれも極めて怪しく、信憑性《しんぴょう》に欠けていました。その結果、ネット上では「捏造《ねつぞう》・改竄《かいざん》疑惑」まで広がり、ますます韓国は国際社会から信頼を失いました。

僕はこのような韓国政府の見え透いた嘘に限界を感じ、YouTubeで真実を発信するようになりました。

いままで、僕のチャンネルである「WWUK TV」で、自称徴用工問題、自称慰安婦問題、東海・日本海呼称問題、日韓併合の真実、竹島の真実などさまざまな議題に触れ、韓国政府が主張する内容とは真逆の話を動画で発信してきました。

すると、韓国のメディアや国民の方々は僕を猛批判し、「WWUK TV」に対して、現在に至るまで不当な通報を集団で行ってきたり、ひどいときには殺害予告も受けたりと、いまなお精神的につらい思いをしています。

しかし、「日本に対する愛」は一度も変わったことがなく、これらの活動への後悔は一切ございません。

このように大変な思いをしているなか、親日韓国人の第一人者として長く活動していらっしゃる呉善花先生との対談のお話をいただき、同じ立場ゆえの葛藤や複雑な気持ちなどを共有できるのではないかと思い、二つ返事で引き受けさせていただきました。

いつも視聴者の皆さんには力をいただいておりますが、今回の対談では先生の壮絶な体験をうかがうことができ、「韓国と闘っているのは自分1人じゃないんだ」という、さらに力強い勇気をもらえました。また、日本に帰化された決意やその後の生活などもお聞きすることができ、大変有意義な時間を過ごすことができました。

この場を借りて、呉善花先生と悟空出版の皆様に改めて感謝申し上げます。

なお、念のため、申し上げておきたいのですが、本書は「嫌韓本」ではございません。

日本人と韓国人の価値観や人生観、恋愛の作法の違いなどに関する、先生と僕のリアルな経験談がふんだんに盛り込まれており、昨今の日韓関係をひも解く「鍵」になる本となっております。

この本を通じて、韓国人の思考特性や行動特性を理解できないという方や、現在の日韓関係に違和感を覚えている方だけでなく、逆にK-POPなどの韓流文化が好きな方や、もっと韓国を知りたい方、韓国人の恋人がほしいという方まで、あらゆる方にヒントやチャンスをご提供できたら光栄です。

そして、最後に僕が日本の皆さんへ一番お伝えしたいことを申し上げます。

第2次世界大戦終結に伴うポツダム宣言を執行するために、日本で占領政策を実施した連合国軍機関であるGHQ（連合国軍最高司令官総司令部）は、占領政策として戦争に対する罪悪感を日本人に植え付けるために行った宣伝計画である「ウォー・ギルト・インフォメーション・プログラム」で、日本の歴史、文化、伝統などを破壊し、日本人自身が日本人を否定するように誘導し、原爆投下や大都市の無差別爆撃などを行ったアメリカの明らかな戦争犯罪の正当化を図りました。

このような、いわゆる自虐史観の洗脳が続いているせいか、僕がオーストラリアにいたころ、あることがキッカケで、日本人の友達から「日本は昔、韓国を植民地支配していたよね……」と言われたことがありました。

僕は友達に、「本当は植民地ではなく日韓併合であり、列強各国の植民地政策とは違って、そんなにひどいことばかりを押しつけたのではなく、むしろ日本は韓国にたくさんの学校や道路、病院などをつくって繁栄させたんだよ」と伝えたところ、友達はとても驚いていました。

僕が現在、動画・本・雑誌において、あえて日本語で発信している理由は、このような日本の若い世代にも真実を知ってほしいからです。

これからも自分の信念を貫き、真実を発信し続けたいと思っております。
韓国人である僕が申し上げるのも厚かましいかと存じますが、この本を読んで日本への愛国心、そして誇りを持つきっかけとなっていただけたら幸いです。

令和二年四月吉日

WWUK（ウォーク）

「親日韓国人」ですが、何か？　目次

「親日韓国人」誕生の理由

第1章　なぜ祖国より日本を選んだのか

第2章

「反日」と「日本好き」の二重基準《ダブルスタンダード》

儒教文化と嫉妬心

第4章

世界から浮きまくる「韓国式幻想《ウリナラファンタジー》」

韓流プロパガンダに要注意！

最終章 いとしき日本人へのメッセージ

編集協力●増澤健太郎
著者写真撮影●太田真三
本文デザイン●坂川栄治＋鳴田小夜子（坂川事務所）
本文ＤＴＰ・校正●有限会社メディアネット
販　売●酒井謙次
宣　伝●安田征克
統括マネージャー●岡布由子

第1章

「親日韓国人」誕生の理由

なぜ祖国より日本を選んだのか

世代を超えた「日韓文化論」スタート！

呉善花　お会いできてうれしいです。私たちは韓国で生まれて日本で生活しているという、よく似た人生をお互いに送っているわけですけど、ＷＷＵＫさんの存在を知ったとき、正直言って日本人じゃないかと思ったんです。

ＷＷＵＫ　そうですか？　ちょっとびっくりです。

呉　日本語がすごく自然で、どこか日本人的なんですよね。韓国人特有のアクセントがなくて、日本語の発音が完璧です。

ＷＷＵＫ　ありがとうございます。

呉　私は日本に来るのが遅かったから日本語の発音がよくない……。ＹｏｕＴｕｂｅでＷＷＵＫさんの話を拝見して、感激したんです。ああ、若い韓国人の中からフェアな考え方を持つ人が現れたと、感銘を受けたんです。

ＷＷＵＫ　呉先生にそのように思っていただいていたなんて、ＹｏｕＴｕｂｅを始めたかいがありました。私も著書『韓国人のボクが「反日洗脳」から解放された理由《ワケ》』（ワック）に書きましたが、呉先生のご著書をいままで何冊も拝読していましたので、今回はご一緒できて本当に光栄です。

呉　ありがとうございます。誤解しないでいただきたいんですけど、私は最初にWWUKさんの話を聞いたときも、お名前が珍しいのもありますけれど、「本当に韓国人なのかな？」と思いました。むしろ最近では日本人の若者のほうが、だんだん韓国の実態を知り、反韓感情を持っているじゃないですか。だから、日本人が韓国人のふりをしているのではないかと思って。

WWUK　僕は正真正銘の韓国人です（笑。帰化申請中）。ただ、確かに若い方で僕のYouTubeを見てくれる人も増えています。

呉　そうそう、YouTubeの話からしなくてはいけなかったですよね。WWUKさんの動画を見ている人はどういう層ですか？　お聞きしたところでは、女性も結構多いという話ですよね。

WWUK　多いか少ないかは僕には判断できませんが、数字だけを見ると、男女比はおよそ2：1ですね。

呉　意外と女性が多いと言えるのではないでしょうか。年齢層はどうですか？

WWUK　男女かかわらず、僕よりも年上で、40～50代が中心ですね。女性の視聴者は、まるで母親のような気持ちで僕を見守ってくださる方が多い印象です。ありがたいですよね。

呉　わかる気がします。でも、どうしてその年齢の日本人の女性が、どういうきっかけでＷＷＵＫさんの動画を見るのかしら？

ＷＷＵＫ　意識して、韓国のコンテンツを取り上げたりしていますからね。もっとも、ＢＴＳ*（防弾少年団）なんかの流れで若い視聴者も増えてきていて、僕はそこも大切にしたいと思っているんです。なぜかというと、長年、韓国のコンテンツを追ってきて僕のチャンネルにたどり着いた方たちは、ある程度は韓国の真実を知っていますよね。韓流は楽しくても、あの国には闇の部分もあると。でも若い人は、韓国が韓流コンテンツそのままだと信じてしまっている。

呉　それは、少し幻想ですね。

ＷＷＵＫ　はい。幻想だけで済むならいいのですが、韓国をひいきにしすぎて、反対に母国の日本を見下すような考え方にとらわれがちですよね。よく韓国人は日本人に向かって「歴史を知らない」と攻撃しますけど、ある意味その通りだと思います。日本人は、日本の底力や歴史の真実を知らないままだからです。頭が真っ白なところに韓国側から嘘を吹き込まれれば、そのまますべて信じてしまう

ＢＴＳ（防弾少年団）
ラップモンスター、ジン、シュガ、ジェイホープ、ジミン、ブイ、ジョングクの7人で構成された、韓国の男性ヒップホップアイドルグループで、2013年6月にデビュー。グループ名には、10代、20代に向けられる抑圧や偏見を止め、自身たちの音楽を守り抜くという意味を込めている。

危険があるんです。韓国人が歴史的事実だと教えられてきたことで、実は違うことがたくさんあります。僕は、自分のYouTubeで若い日本の人たちを守りたいというのが、ひとつの大きな目標なんですよね。

韓国的価値観の浸透度が違う？

呉　WWUKさんと私は共通点も多いのですが、相違点もあります。性別や世代だけでなく、日本に来た年齢が大きく違っていますよね。初めて日本に来たのは高校生のときだったんですって？

WWUK　それまでも日本に遊びに来たことはあったんですが、中学生のときにオーストラリアに留学して、その後自分の考えで日本の高校に入学したんです。それからは、ずっと日本で生活しています。

呉　高校の初めから日本だと、きれいな日本語がしゃべれるようになるのも納得ですよね。でも最初は大変だったでしょう？

WWUK　はい。ただ、英語を学んでこいと送り出されたオーストラリアで日本人の生徒と仲良くなって、なぜか英語よりも日本語ばかり学んでしまいましたから（笑）。そして、日本での高校生活のおかげでかなり上達しました。

呉　日本語を覚えるという意味でも早く日本に来たのはプラスですけど、もっと良かったのは、韓国の社会を深く知らずに済んだことですよ。そういう経歴の人ってあまりいないですよね。

WWUK　確かに僕は、中学校2年生の冬まで韓国にいましたが、その後はオーストラリア留学を経て日本での生活ですからね。その間も年に一度ぐらいは韓国に帰っていたんですが、「自分は本当に韓国人なのか」と考えてみると複雑です。もちろん韓国籍ですが、文化的には大多数の韓国人とはかなり違います。むしろ、西洋と日本文化の影響が強いかもしれませんね。呉先生は大学生のときに来日されたということですよね？

呉　ただ私は、女子軍に入隊し、専門大学を卒業してからなので、日本に来たときは26歳だったんです。それから日本語学校を経て日本の大学に入りました。だから日本語はどうしても「韓国人発音の日本語」になってしまう。そして、すでに韓国社会を知り尽くしてから日本に来たのです。自ら望んで日本にやってきたのに、ギャップを克服するという点ではかなり苦労しました。ＷＷＵＫさんは中学生でオーストラリアに行かれたということもあって、韓国的価値観にドップリ浸かっていない状態でしたよね。もしかしたら、言葉も韓国語より日本語のほうが上手なのかしら？

WWUK　実はご指摘の通りです。今日、呉先生とお会いする前に、韓国語と日本語のどちらで対談するのが好ましいのかと悩みました。日本語で安心しました。韓国語だと詰まってしまう（笑）。

呉　夢も日本語で見るんですか？

WWUK　そうです。熱いお茶を飲んだときのように、瞬間的に反応する場合も完全に日本語です。韓国語は、両親に連絡するときや、たまに韓国に帰るとき、あとはＹｏｕＴｕｂｅで韓国の記事を和訳するときくらいしか使わなくなりました。

呉　そのおかげで、客観的に韓国を見つめられるのではないですか。でも、ＷＷＵＫさんだけ価値観が違うと、ご家族との関係が難しくなったりはしませんか？

WWUK　僕の家は、その点は大丈夫ですね。弟が1人いまして、いま軍隊に行っているんですが、考え方は僕の影響を受けて、日本に対しては悪い印象を持っていません。むしろいいイメージですよね。日本のアニメが大好きです。

呉　韓国人は、中高年でも日本のアニメで育っていますよね。

WWUK　それはいまでも同じです。面白いアニメは日本の作品しかありませんから。最近でも『ONE PIECE（ワンピース）』とか『クレヨンしんちゃん』（韓国では『チャングヌンモンマルリョ』）とかですし、『SLAM DUNK（スラムダンク）』や『ドラえもん』、『セーラームーン』とか、当時の世代で知らない人はいないですよね。

日本にいる「親日韓国人」は猛攻撃される

呉　WWUKさんが日本でただ暮らしているだけなら何も問題はないでしょうけど、YouTubeで韓国の情報や韓国人の異質性を発信するようになって、本や雑誌にも出るようになると、いろいろ批判されませんか？

WWUK　それはもう猛批判されましたね。もちろん、呉先生が経験されたことと比べるまでもありませんが、僕は昔からどうしても、日本人の友人に「昔、日本が韓国を植民地支配して残虐なことをしたんだよね」というような言われ方をすると、逆に訂正せずにはいられなかったんです。高校生のころからです。日本国内に根強く残っている、いわゆる「自虐史観*」を払拭したいという考えをずっと持っていたんですかね。

呉　私はその境地までたどり着くまでにすごく苦労しました。WWUKさんは韓国人特有の思考にハマらなかったからそれを見抜けたんですよね。

WWUK　この点について、右派も左派もないと思う。僕の考えは右派に支持されやすいけれど、この点はもっと広く日本人に共有されてほしいです。だって、当たり前の事実ですから。

呉　よくわかります。ただ、日本の左派だけではなくて、韓国人や韓国メディアからめちゃくちゃ叩かれるでしょう。

WWUK　はい。うんざりしますね。その激しい執着心に。

呉　私もそうです。韓国には昔から、一貫して日本を批判している人たちがいます。ただ彼らは、韓国内で暮らす韓国人が、日本批判に反対したり、日本に学ぶべきと主張したりするならまだ大目に見ます。ところが、私たちのように韓国人が韓国国外で、ましてや日本国内で、日本人に向けて韓国批判をすることは、どんな発言であろうと、絶対に許せないのです。そうすると徹底的に攻撃します。

自虐史観
第2次世界大戦後の日本の社会や歴史学界、教育界における特定の歴史観を否定的に評価する言葉。日本の歴史の負の部分を強調する一方で、正の部分を過小評価して日本を貶（おとし）める歴史観のことを指す。

ＷＷＵＫ　同感です。単なる「親日韓国人」扱いとは次元が違います。

呉　日本で活動している私に対して、もうその中身を評価することはない。ただ「あいつはとんでもないことをやっている」という批判だけです。ＷＷＵＫさんも同じ目に遭っているはずで、要するに私たちの行いを見る韓国人は、「ウリ（私たち。この場合は韓国そのもの）」の情緒と愛国心を自分の中によみがえらせて、徹底的に攻撃してきます。日本人が同じ発言をしても、そこまでは批判しない。

私が日本で生活し続ける理由

ＷＷＵＫ　呉先生が、そこまで大変な批判をされながらも、日本に残り続けられたのはなぜなのでしょうか？

呉　私は、韓国で起きている反日感情、日本を侮辱するようなものを、どうしても許せない気持ちになっているからだと思う。でもＷＷＵＫさんとは違って、最初からそうではなかったから大変だった。

WWUK　日本に来られて、しばらくしてからわかったということですね。

呉　そう。私のような場合は、韓国でいったん完成してしまった自分と、日本に来てから学んで変わったこととの間ですごく悩みました。自分の努力で考え方を変えるのが大変だったのです。韓国では反日教育を受けて育ったので反日主義者でした。しかも韓国で軍に入隊もしている。当時の私は、自分は愛国者だと自負していましたから。

WWUK　当時、女性で軍に入った人はどんな任務をされていたんですか？

呉　女性軍人は韓国でも珍しい存在ですから、皆さんに大変興味を持たれていていろいろと聞かれることがよくあります。私のころの女性軍人は全国の司令部や陸軍本部に所属し、各部署に女性軍人が1人ずつ配属されます。司令部の広い敷地の一角に女子部隊があって、そこで夜は共同生活をします。軍隊での共同生活ですから規律が厳しい生活をします。朝になると出勤準備をして皆一斉に広場に集まり、1人ずつ身なりを点検されます。制服のスカートに皺《しわ》がないか、ベルトのバックルは手垢《あか》がなく光っているか、ハイヒール（ヒールの高さは7センチメートルほど）がきれいに磨かれているか、帽子を正しくかぶっているか、厚化粧ではなく女性軍人にふさわしく程よい化粧がされているか、ヘアカラーが明るすぎないかなど、チェックされたあと、本部があるビルへ出勤します。

それからそれぞれの部署のオフィスに入っていきます。司令部以上の本部ですから部署には一般兵士はいません。全員が将軍と将校で、合わせて十数人で構成されます。そこに女性軍人が1人いて、公文書を書いたり、当時ですから部員全員の手書きで書かれた書類をタイプライティングしたり、テレックスを担当したりするのが主な仕事です。特に私は上司の話を手書きでまとめ、タイピングしたりしましたから速記もやりました。どこの部署でも女性軍人は終日、膨大な量の文書仕事をこなさなければなりません。オフィスの廊下を歩きますとそれぞれの部署から鳴り響くタイピングの音が、いまではとても懐かしいです。その指の動きの速さはまるでピアノを弾くかのようです。だから、女性軍人のタイピングやテレックスする力、書類作成能力は、一般会社の社員よりも数段上だと、女性軍人はみんな自負していました。そういうわけで、韓国語については軍事訓練の一環として徹底的に磨かれたのです。そのせいで結局いまも、考えたりインタビューなど相手の日本語の話を聞いて書きとめたりするときは、直訳しながら、韓国語と日本語交じりでメモを取ります。日韓の言葉はよく似ていますが、すぐに訳せなかったり、韓国語を思い出せなかったりするときは、日本語とハングルの交ぜ書きですよ。速記で書くには漢字よりハングルのほうが速いですからね。

ＷＷＵＫ　では、考え方も当然韓国人そのものですよね。

呉　しかも1980年代で、ソウルオリンピックよりも前ですから、ＷＷＵＫさんの時代とは比較にならないほど慣れるのに大変でした。初めて来日したとき、1年目はすごく楽しかったですよ。何もかもがモノ珍しいし、当時の日本は韓国よりもはるかに住みやすいですから。日本のほうが消費社会が断然発展していてモノは豊かだし、「ワンルームの部屋」という物件があることに驚きました。当時韓国には独立した部屋というものがありません。地方から学生がソウルに出てきて部屋を借りるなら、間借りですよ。電話はありません。夜中に実家から電話がかかってくると、申し訳なさそうに大家さん夫婦の部屋に入って電話を受けたりしました。それが日本に来ると、2階建てのアパートに6畳とキッチンがあるんです。いま考えればとても粗末な部屋でしたけれど、感動しましたね。専用の電話やお風呂があってトイレがあるなんて、信じられない思いでした。日本は経済的な面ではとても豊かだった。

ＷＷＵＫ　現在とは日韓のギャップが違いすぎますよね。

呉　もちろん、頭ではわかっていたんです。東京はソウルよりもはるかに国際都市で、1人ひとりに住む部屋があって、町並みはきれいで人は親切で、治安が良くて泥棒なんてほとんどいない。そもそも人を騙すという発想がない。

WWUK　韓国は詐欺師が多いから、いつも他人への警戒心が必要な社会ですからね。

呉　韓国だけじゃなくて、どんな国でも人を騙す傾向はあるでしょう。ただ、日本は世界の諸国に比べ、本当に些細なレベルでも誤魔化すことをしません。買い物をしてお釣りを誤魔化されるなんて韓国では当たり前です。むしろ気づかないほうが悪いと見なされます。日本では絶対にそういうことはないし、反対に私がお釣りをもらい忘れたら、わざわざ走って追いかけてきてくれたりもして、本当に驚きました。

WWUK　誰に対しても親切なのは、いまでも日韓両国の大きな違いです。

呉　こんなこともあったんです。日本に来てからお米があまりにおいしくてびっくりして、自分で買ってきて自宅で炊いたらパサパサして全然おいしくない。不思議に思ってお米屋さんに聞いたら、私が白米と間違えて玄米を買ったんですね。そうしたら、もう封を開けていたのに、使った分を差し引いてからわざわざ白米に交換してくれたんです。「なんて素晴らしい国なんだ！」と感動しました。

1年間くらいは、日々感動の連続でした。

WWUK　僕の場合は、本当に少しだけ寂しい時期もありましたけど、すんなり馴染めました。最初は札幌で生活していたんですが、地方だからなのかみんな本当にフレンドリーでオープンでした。高校2年生からは東京暮らしですが、さすがに札幌よりは少し個人主義的というか、クールな感じはありました。どちらも魅力的な都市です。

呉　友達はすぐにたくさんできましたか？

WWUK　周りには日本人しかいませんでしたが、とにかく友達を増やしたいという思いがありまして、オーストラリアで日本人の友達から学んだ日本語で積極的に話しかけるうちに、学校だけでなく放課後も遊ぶくらい仲良しになりました。例えばカラオケとか。日本語も日本の文化もさらに深く知り、もっと興味が湧きました。好奇心を刺激されっぱなしです。

呉　韓国で教えている日本とは、実際の印象はかなり違う？

WWUK　はい。ネットで調べていくうちに、いままで韓国で歴史の時間に学んでいたこと、大人から聞かされていたことがほとんど間違いだったことに少なからずショックを受けました。事実を受け入れること自体はスムーズにできたと思うので、もっと日本が好きになったし、日本の生活が心地良くなりました。同時に、友人からさまざまなことを吸収できました。苦痛を感じたことはまったくありません。良き思い出です。

もう韓国人の価値観とは合わない

呉　それだと、今度は韓国に帰って韓国人と付き合うときに、かえって苦痛や違和感を抱くようになりませんか？

WWUK　年に1回くらいですし、親と顔合わせる程度で、いつも短期間ですから、それほど大変ではありませんでした。ただ、一度韓国の友達と遊んだんですけれど、何というか、言い方が悪いかもしれませんが、韓国風の人付き合いの仕方を受け入れにくくなってしまったというか、拒否感を持ってしまったんです。

呉　それはすごい！　若いときから韓国を出ているから、吸収力や対応力が全然違います。WWUKさんだけが感じる「日韓の温度差」があると思います。

WWUK　はい、多分あると思います。個人的な所感ですが、韓国人は「お金への執着心が異常だ」と感じます。何でもかんでもお金にからめるから人間関係が険悪になる。自分よりもお金を稼いで幸せに暮らす人を見ていられない。人の幸せを喜べない。これは韓国のドラマや映画を見ても顕著です。その典型が映画『パラサイト 半地下の家族』*ですね。自分は死ぬほどお金持ちになりたいのにもかかわらず、現にお金を持っている人をうらやましがり、悪く考えるじゃないですか。

呉　今回の重要なテーマになると思いますが、あれは朝鮮王朝時代の儒教の影響ですね。お金にこだわるなんてとんでもないと表では言いながら、誰よりもお金に執着している。いまの財閥を見る韓国の左派も同じですよ。お金を稼いでいる財閥を、お金を稼いでいるという理由で許せない。彼らのせいで自分たちが不幸になっていると思いたがるんです。これは中国でも同じです。私の中国人の友人が言うには、中国では「お金さえあれば鬼でも働かせられる」という古い時代からの諺があるそうです。お金を恨みながらも、お金を積まれれば何でもやるし、何でもできると考えてしまう。いまの政権になってから、韓国の財閥のオーナーはどんどん逮捕されて、裁判に掛けられているでしょう。あれは、お金を持っていることへの嫉妬ですよ。

『パラサイト 半地下の家族』　韓国映画では初めてカンヌ国際映画祭の最高賞パルム・ドールを受賞した。第92回アカデミー賞では作品賞を含む6部門にノミネート、作品賞、監督賞（ポン・ジュノ）、脚本賞、国際長編映画賞の最多4部門を受賞した。ストーリーは韓国の格差社会をシニカルに描いたものであり、韓国内で大ヒットする一方、「韓国の恥を世界にさらしている」という批判も出た。

ＷＷＵＫ　確かに、貧富の差が本当に激しいと言います。いまよりももっとひどかった。

呉　貧富の差に対しては、政治的な立場は関係なく、ずっと不満を感じているわけですよね。文在寅大統領の左派政権は、その流れにうまく乗っているんです。財閥をいじめるのはウケがいい。でもこのままだと、いずれ北朝鮮みたいになり、「財閥の荒稼ぎを許すくらいならば共産主義も悪くない」なんて言い出しかねない。私たちの世代には共産主義への恐怖感があったし、北と戦争をしたときの苦しさが親から伝わっていましたからね。ＷＷＵＫさんたちの世代とは、そこが決定的に違う。

ＷＷＵＫ　生まれたときからコンビニもゲームもありますからね。いま韓国の若い世代は、なかなかいい職がなくて苦しいじゃないですか。でも、日々の生活が当たり前すぎて、「アメリカや日本と協力して国を立て直さないと、やがてとんでもないことになる」と言われてもピンとこないんです。それよりも、小さなころから刷り込まれてきた反日感情が先立つ。やっぱり「わが民族」だけでしっかり独立しているほうが正しいし、「悪い日本」や南北分断を固定化しているアメリカと結ぶなんてよくない、まして助けを借りるなんて悪いことだ、と思いがちですよね。正直言って。

呉　甘いです。北朝鮮に対しては、どうしても同胞としての思いが先立ってしまう。このテーマは韓国人の思考特性を知るうえで重要なポイントなので、第2章で詳しく話し合いたいと思います。

男女関係のあり方は「雲泥の差」

WWUK　呉先生は、人間関係における日韓の違いって、どんなふうに感じていますか？　きっと大きな落差があったと思うんですが。

呉　まず、韓国の場合は、いまもそうですが強烈な「男尊女卑社会」ですよね。女性は基本的に、自分から男性を誘ってはいけない。男性から誘われるのを待っていないといけないんですね。女性から誘うなんてありえません。

WWUK　では、どうやって男女は交際するんですか？

呉　日本語の学校でそんな話になったときに、先生に同じことを聞きました。そうしたら、日本では女性が片思いしたら、「男性が気づくように、遠回しに好きだという気持ちを伝える」とおっしゃった。びっくりしました。韓国ではありえない。女性がいくら片思いしても、それは片思いのままで終わる。アプローチするのは男性だけだからです。これには当時、結構悩んでしまった。あとからわかったんですが、日本は明らかに、母性優位の社会なのに対して、韓国は強固な父権社会で、まったく違うんです。最初に女性のほうから好きになったカップルはうまく交際に発展するとも言われます。韓国は女性のほうがいくら好きでも、それで無理に関係をつくると失敗する。男性側から好きにならないとうまくいかない、あくまで男次第。ところが最近の韓国の女性は、ちょっと夫から怒られるだけでも離婚するらしいんですけど。

WWUK　そうみたいですね。

呉　いまは女性のほうから離婚を申し込むケースが多くなったそうですね。以前は、子どもがいると100パーセント男性側のものになります。女性には子どもを連れていく権利がなかった。だから男性が浮気しても暴力を振るっても、女性が我慢するしかなかったんですよ。

WWUK　信じられない。最近は女性の権利運動のほうが、勢いがすごいです。

呉　大きく変わったのは1997年、いわゆるIMF危機*以降ですよね。ここか

IMF危機
1997年後半、投機筋によるタイの通貨・バーツ売りがアジア新興各国に波及、韓国ウォン、韓国株も売られ、外資引き揚げにより債務危機に直面した韓国政府は国際通貨基金（IMF）に救済を要請。代わりに厳しい財政再建と金融機関、民間部門の再編、自由化や市場開放を進めた。

ら本当に変わってしまった。離婚大国になっちゃった。

WWUK　反対に、日本を大きく「追い越して」しまった。友人関係はどうでしたか？　ギャップが大きかったですよね。

呉　そうですね。日本に来た最初は何もかもが刺激的だし、日本人の優しさに感動しますけど、1年を過ぎたころから、自分が経験してきた韓国人の人間関係のつくり方とのギャップに悩み始めました。壁に突き当たったというか……。

WWUK　確かに、人間関係のあり方は日韓の大きな違いですよね。

呉　日本にやってきた韓国人は、だいたいそこで落ち込むのではないでしょうか。最初はあんなに心が弾んでいたのに、あるところで急に日本人とはうまく付き合えないと悩み始めるんです。私はこれって、冗談でも何でもなく、国同士の日韓関係がなかなかうまくいかないことの大きな要因だと思います。

水臭くて「ありがとう」と言わない韓国人

WWUK　具体的に、当時どんなことがあったんですか？

呉　人間関係の距離の置き方ですよね。「友人」といった場合の距離の取り方が、日本と韓国ではまったく違う。韓国人は、誰かを「友達」だと認識すると、一気に馴れ馴れしくなります。すべてを共有するべきであり、シェアするのが当然だと考えます。あなたの物は私の物。「礼儀を考えなくてもいい」のではなくて、「礼儀なんてそもそも友人同士ならば考えてはいけない」のです。

ＷＷＵＫ　ああ……それは言えます。

呉　韓国人が新しい環境に入ったときは、できるだけ早く、馴れ馴れしい関係に相手を引き込もうと考えます。私は26歳まで韓国しか知らなかったので、それが当然だと思っていた。大学では専攻が英語学でしたから同じ学年で外国人留学生は私しかいませんでした。とにかく周囲の日本人と、韓国式のベタベタした人間関係をつくりたい。例えば隣に座った人と仲良くなりたくて、距離を縮めにいくわけです。自分の鉛筆を持ってきているのに、わざと鉛筆を借りたりして（笑）。とにかく親密な関係をつくりたいという狙いなんです。

ＷＷＵＫ　大変な努力ですね。

呉　それで、日本人が友達になってくれたとしましょう。韓国人の場合、一度友達になったら、本当に鉛筆を忘れても、何ら断りなく勝手に筆箱を開けて使っていい。使ったことに対してお礼なんて言いません。ところが日本人の友達は、いつまでたっても私が何か手助けしてあげたら「ありがとう」と言うのです。

WWUK　日本人としては非常に礼儀正しいですよね。

呉　ところが、韓国人は友達に「ありがとう」を連発されると、距離が遠く離れている感じを持ちます。私はそこを詰めようと必死になるけれど、日本人はいくら仲良くなってもある一定の部分には踏み込んできません。日本人からすれば、相手への心遣いかもしれませんが、韓国人にとってはものすごく冷たく、寂しく感じられるのです。一度「友達になろう」と言ったのに、心の中に立ち入るのを禁じられたようで、裏切られたと感じる。先ほど日韓関係のことを言いましたが、韓国人が抱く「反日感情」は、こういう感覚の働きがかなり作用しているのだと思います。

よく韓国人は、「日本人って表面上は親切で優しいが、裏では何を考えているのかわからない。だから平気で不意打ちをしてくる」というステレオタイプの表現を使いますが、これには、いつまでたっても心の中を見せない日本人に対する警戒感があるからだと思うんですよ。自分たちの文脈では理解できない。日本では当たり前の感覚ですけれど、韓国人には耐えられない。韓国人が日本社会に入って2～3年経つと、多くの人が体験することだと思います。
　これは東南アジアの人たちでもだいたい同じですよね。私はそうした人間関係のプロセスに悩み、日本が嫌いになって、「日本人は人間ではない」と思いつめたりもしました。その状況が3年以上は続きました。気持ちが落ち込み、日本を離れたいと思ったこともあるんですよ。ＷＷＵＫさんは、どうでしたか？

WWUK　正直、苦痛に感じたことはありませんでした。先生のお話は僕もよく理解できます。確かに僕も韓国にいたときには、筆箱も食べ物も、友人であれば断りなしに勝手に共有する。というか、別にそれは日本人の視点で言う「勝手」ではなくて、韓国ではごく普通のことです。そういう行為が仲のいい関係の証明であり、確認するんです。お互いが暗黙のうちに。いちいち聞くのは水臭い。でも、日本に来てからごく短期間ですが、寂しさを感じるときもありましたが、すぐに韓国の文化は日本と少し違うのかもしれない、と思えるようになりました。先生のような葛藤はあまりなかったですね。
　それ以前に日本のドラマなどを通じて日本人の感覚をある程度知っていたからかもしれません。たとえ親しくなった友達でも、「使っていい？」とか「ちょっと貸して？」「少し食べてもいい？」という断りを入れることに抵抗はなかったし、文化の違いとして受け入れられましたね。もともと日本に来てから、韓国の文化や考え方を持ち出さないように注意していたこともありましたけど、僕は割と早く「親しき仲にも礼儀あり」の日本文化に慣れたし、自分の性格に合っていると考えるようになりました。韓国人にありがちな、仲良くなったら馴れ馴れしくなり、まったく遠慮がなくなってお菓子でもなんでも勝手に食べて、それこそ「ありがとう」の一言もないよりは、日本人の距離感のほうがずっと好きでした。

呉　あー、本当にうらやましいですよ。私は相当苦しかったし、時間もかなり浪費しましたから。

WWUK　あくまで文化ですから、いいとか悪いとかではないと思うんです。韓国で友達に何かされるたびに「ありがとう」と言うと、「お前は友達じゃない」という意味に取られてしまいますからね。僕も韓国にいたころは、普通に韓国人の友達も好きでしたし、韓国文化について反感を持っていなかったんです。ただ、オーストラリアに行ってみると、初めのうちは韓国人の友達とも付き合っていたんですが、だんだん日本人の友達と遊ぶことが多くなって、日本ではなく海外で、日本の文化、日本人の考え方に接することができたわけですよね。その期間があったおかげでドラマからも間接的に学べました。人と人との最低限のマナーというか、適度な距離感はあるほうが、僕にはしっくりきますね。

「男尊女卑」に基づく異質な愛情表現

呉　先ほど出た男女関係、恋愛の話をもう少し聞きたいです。新鮮で面白いから（笑）。韓国の女性と日本の女性ではまったく違うでしょう？　これは世代間ギャップが大きいかもしれないけれど、私の時代はもう古典的ですから、男性からしか誘えません。男性に誘われた場合、自分に恋心があっても何度もわざと断って、しつこく誘ってくるのを待つような感じですよ。

WWUK　何だか、イタリア人みたいですよね（笑）。

呉　そうかもしれませんね。韓国では、「10回叩いて折れない木はない」と言われているんです。斧で叩けばどんなに頑丈な木でも折れる。だからどれだけ堅い女性でも、男がずっと誘い続ければ必ず折れてくるという諺ですよね。これが韓国の恋愛の伝統です。したがって男性側から好きになったのであれば成功します。ところが、私は日本に来たあとも、この韓国式の「誘われ方」を続けてしまったわけです。一度誘われて断る、二度誘われてまた断る、さあ、ここからどんな本気を見せてくれるでしょう、というところで、日本ではほとんどそれ以上誘ってくれない。それでものすごくショックを受けるんです（笑）。

WWUK　呉先生には失礼になってしまうかもしれませんが、これは文化の違いだと思うんですよね。最近の韓国は少しずつ変わってきていますけれど、ほんの少し前までは、デート代は本当に100％男性が払っていました。いまは海外の文化に慣れつつあるのか、割り勘にしてもおかしくない雰囲気になっていますけど、それでもレディーファーストです。「付き合って何日記念日」みたいなイベントが細かく用意されていて、忘れたら大変なことになる。チャットのメッセージも1日100通超えなんて当たり前です。たとえ仕事中でもすぐ返信しないと怒られる。日本で同じことをしたら、ほとんどすべての男性が疲れてしまうでしょうね。

呉　でも韓国は、結婚すると立場が正反対になりますよね。

WWUK　そうです。結婚前は男性が尽くして当たり前、結婚すると逆転して亭主関白になるケースが多いですよね。

呉　まだまだ、男尊女卑の影響が残っていますよね。WWUKさんは日本の女性とデートするとき、支払いはどうするんですか？

ＷＷＵＫ　僕は、日本では完全に割り勘です。最初は全額払っていたんですけど、あるとき付き合っていた女性から「いつも払わせてしまってごめん」と謝られてしまって、ものすごくびっくりして（笑）。どうして謝るのかと聞いたら、日本では男性ばかりが払うことはないと言われてしまって……それでときどきは相手にも払ってもらうことになったんですが、しばらくは、自分が付き合っている女性にお金を払わせるなんて耐えられませんでした。

呉　そうよね。私が韓国にいたころは１００％相手が払ったし、たとえ恋人関係じゃなくても、男性と食事をしてお金を払ったことは一度もないですよ。韓国では、男性はお金だけではなくて、お店選びから女性のエスコートを全部準備しなければならない。女性はきれいにしていくことだけを努力するわけですよね。日本の割り勘方式は、韓国人にはすごくケチくさく見えると思う。

ＷＷＵＫ　この件に関しては全面的に賛成です。僕でさえ最初はそう見えました。男女関係も国によって違うと思います。ただ、こんなに近い隣国なのにどうしてここまで価値観が違うのか、というショックがいまだに強いですよね。まあ、これは良い意味ですけれど。日本の場合だと、女性を追えば追うほど嫌われるし、離れていく。僕もこれを理解するには1～2年くらいかかりました（笑）。

呉　この点は、昔もいまもあまり変わってないですね。安心しました。それが確認できてよかったですよ。

WWUK　男女間の恋愛において、駆け引きは色濃く残っていますよね。

呉　だから、誘い方が激しくなります。電車に乗り込み、家まで付いて来て、翌日はまた家の前で待っている。そこまで男性に誘われ続けて、おおよそ10回くらいは誘われて初めて相手の気持ちを受け入れるふうに振る舞い、「本当は嫌々だったけれど、粘り強く誘われたからから好きになった」というのが韓国女性のプライドであり、スタンスであり、愛情表現です。同じことを日本でやったら大失敗しますよ。「もっと誘ってくれないの？」って思ったときにはもう手遅れです。

WWUK　いやあー、ほとんどストーカーですよね、それって（笑）。僕も中学生のときは、まあ中学生の男女関係なんてお遊びみたいなものですけど、そんな感じでした。でも、日本人は人に迷惑をかけてはいけないという教育を小さいころから繰り返し受けていますからね。日韓の恋愛観は恐ろしいほどのギャップがあります。

なぜ韓国人は気軽に整形するのか？

WWUK 先ほど先生が、女性はデートのときに外見をきれいにすることだけに努力するとおっしゃいましたけれど、日本人が韓国について不思議に思うことの代表例が、整形（美容）手術に対するハードルの低さや気軽さですよね。これは韓国人の人生観とも深い関係があるのではないでしょうか？ 正直、就職活動も顔がきれいだと有利なので、あらかじめ整形することも珍しくありません。

呉 そうそう。整形手術は化粧品を買うような感覚。何のためらいもない。

WWUK 親が子どもに勧めますからね。「大学に受かったから、お祝いにそろそろ整形しておく？ お母さんもついでに整形しちゃおうかな」っていう感覚ですよ。僕もなかなか理解できません。それでも、芸能人とかコンシェルジュとか、顔が重要な職業であるならばまだわかりますが、顔の良し悪しが関係なさそうな職種でも、応募者の顔を見て選ぶといいますからね。

呉 しかも、最近は男の人も整形します。日本では面接時に人柄と能力を見るけれど、韓国は顔と「スペック」でしょ。学歴に加えて、仕事内容にたとえ英語力が必要なくても、TOEICなど英語の点数が重視される。

WWUK　本当に日本がうらやましいところですよね。面接では応募者の人間性を見てくれる。就職難で苦しんでいる多くの韓国人の若い人も知っています。もちろん、ある程度学歴を見られるけれど、日本の企業は基本的に人間性やスキルを重視することが多いです。

呉　私も多くの学生を通して就職の実情を見ていますけど、最近は面接にとても力を入れている。コミュニケーション能力を見ています。就職のために整形するという発想は少し悲しいです。もっとも、美を追い求めるのはとても韓国女性らしいとは言えますけれどね。美への執着心が強いというか。

WWUK　肌もきれいです。「韓国人の女性＝肌美人」みたいなイメージができあがっていますよね。

呉　韓国の化粧品が日本でもよく売れているのは驚きます。日本の有名な女性雑誌でも韓国の化粧品を特集しています。外見力アップへの執念が凄まじい。実際すらりとした人は多いですよね。

WWUK　違う見方をすれば、見た目のコスパが高いから、厳しく外見を管理せざるをえないということでしょうね。「韓国＝美意識が高い」みたいなのはあくまでマーケティングだと思いますけどね。

呉　韓国の芸能人を見て、ほとんどが整形しているのですが、その結果、一律同じタイプの美人顔ばかりになっている。韓国でタレントになるには、どこまでも目鼻立ちがきちんと整った美人顔をしていなくてはならないですからね。

ＷＷＵＫ　ここも韓国と日本では違いますよね。日本はＡＫＢ48のように、未完成な芸能人を応援する文化ですけれど、韓国の芸能界はあくまで完璧な「完成品」を仕込んで送り出しますよね。未完成ではお金を稼げない。だから合宿所に入れて、軍隊みたいに訓練するんですよね。

日本人よりもキレやすい韓国人

呉　韓国の若い男性は、日本人の女性にどんなイメージを持っているのかしら？

ＷＷＵＫ　これも比較するとわかりやすいですが、いまネットで流行っている言葉としては、日本人女性を「寿司女」、韓国人女性を「キムチ女」と言うんです。

「キムチ女」の典型イメージは、気が強くて性格がきつい。「寿司女」は優しくて配慮深くて、韓国人の考える「ザ・やまとなでしこ」ですよね。

呉　なるほど、わかりやすい。

WWUK　ただ、直接的に言わせていただくと、韓国男性の中には、日本の女性と「関係」を持ちやすいと勝手に考えているケースが多いです。ファンタジーというか、そういうつもりで「従順」な日本女性を誘ったのに断られると、とたんに怒り出す。新型コロナウイルスの流行で日韓間の行き来が急減するまでは、大勢の若い日本女性が韓国旅行に行って、少し危険な遊び場にも好奇心で行ったりしていました。韓国男性は性格的にカチンとキレたら危ないので、注意してほしいです。

呉　日本人と比べたら怒りやすいね、韓国人は。

WWUK　これは偏見に聞こえるかもしれませんが、実際男性同士でも、たまたま視線が合っただけで、「何でニラんでるんだ!」って言い合いになってケンカが始まったりします。これも文化の違いですよ。

呉　いわゆる「火病《ファッピョン》」ですよね。ぜひ気をつけてほしいけど、日韓の感情表現の違いは本当に興味深い。

ＷＷＵＫ　「火病」は日本でもすっかり知られてしまいましたよね。ネット界隈では、韓国人の怒りっぽい様子を「ファビョる」って表現する人もいます。どうしてこういう気質になったんですかね？

呉　それは、「恨《ハン》」の存在が大きいんですよね。克服できない恨を我慢しすぎると、あるときを境にして、いきなり感情の制御が利かなくなる。恨の話は日韓関係の衝突をひも解くうえで重要な鍵になりますから、改めて第3章で話し合いたいと思います。

ネットは歴史の真実を明らかにした

呉　ＷＷＵＫさんも、中学2年生まで韓国で暮らしていたのなら、「悪い日本」を学校で教わっていたでしょう。教育で学んだことと実際に見た日本人とのギャップにはどう対処したんですか？

ＷＷＵＫ　いままで自分が韓国で学ばされていた「日本＝悪」というのはまったくの嘘だったことを知り、最初はかなり混乱していましたが、調べれば調べるほど自分の中で納得がいき、受け入れることができました。日本人の友達との葛藤などはありませんでした。ただ、正しい知識や真実を教えなければならない学校が、嘘を平気で教えている韓国の現実には驚きました。

呉　何が一番衝撃でした？

WWUK　画像や動画ですかね。インターネットでは日本統治時代のいろいろな写真がありますが、そのビフォー・アフターのような比較を見せられると一目瞭然です。木の生えていないハゲ山が緑化されていたり、道路に電線や線路が引かれたり、立派な建造物がつくられたり。日韓併合の前後でまったく韓国内の風景が変貌します。

呉　そういう写真をたくさん見たんですね。私も講義や講演での説明などでよく使います。最近はアメリカがかつて撮影した画像や動画がたくさん発掘されて、説得力を持つ資料が増えています。アメリカは第三者ですから韓国人も苦々しい思いで無視するしかないんでしょうね。

WWUK　しかも、インターネットの普及によって少し調べれば誰でも見られるようになりました。韓国内でもかつての僕のようにカルチャーショックを受けている若者が増えている。

呉　私の若いころは現代のようにＳＮＳが発達している時代ではなかったので、自己覚醒するにはずいぶんと時間がかかりましたけれど、いまならあっという間に事実に気づきます。

ＷＷＵＫ　先生はガチガチの愛国者とおっしゃっていましたけれど、どうやって反日意識を乗り越えたんですか？

呉　私は当初、歴史問題については、昔韓国が日本にひどいことをされたということしか頭にありませんでした。でも、日韓の歴史に興味がありましたから、日本に来てからは韓国では見られない研究や資料を通しての歴史的事実を知っていくことになる。そうしていけばいくほど韓国の教育で学んだことへの疑問が深まっていくんですね。例えば、日本統治時代の韓国近代化の進み具合をさまざまなデータから知ることができますが、そこに映像や写真を重ねると、具体的なイメージが湧いてくるんです。それで、映像資料をできるだけたくさん集めて、客観的な立場から多くの人に見てもらうようにしています。日本の学生にも見せているんですけど、先ほどＷＷＵＫさんが言われた通り、彼らの多くは漠然と日本が悪いことだけをしたと考えていますから、強烈なショックを受けています。

ＷＷＵＫ　先生が、そこまでこだわるのはなぜだったんですか？

呉　5年くらい日本にいた時点で「歴史の真実」が見えてきました。来日8年目に本を書くようになりました。この時点で私は、「韓国の観点」をカッコに入れて物事を見るようになったんですね。そうやって日本が見えてきたことで、相対的に韓国を見られるようになったのです。「韓国の観点」とは異なる、多くの研究や資料と接することで日韓の歴史を客観的に見る目がようやく開かれていったと確信しています。

WWUK　すごくわかります。歴史資料は重要ですね。

呉　この段階までくると、歴史の真実はどこにあるのか、何がフェアな歴史解釈なのかが気になって仕方なくなるんです。それで本を書いて自分の考えを発表しました。韓国からめちゃめちゃに批判はされますが、まともな指摘は一度もありません。単なる思いつきレベルのあおり文句ばかりです。

WWUK　つまり感情的な脊髄反射のみということですね？

呉　そう。論文で書いた事実やデータに対しての反論はありません。要するに、「韓国人のくせに日本の味方をして、日帝時代を美化するのか」ということでしかないんですよ。それは真実とは関係ないでしょう。

日本に帰化した理由

ＷＷＵＫ　呉先生が日本人に帰化した理由も、その流れからですか。

呉　一方的に侮辱されて、自由な発言を封じ込められるなんて嫌ですし、一度しかない人生ですから、日本に帰化してでも、自由な発言、自由な言論活動をしたかったというのが大きいですよね。日本はこの点で本当に言論が自由ですよ。遠慮なくモノが言える。研究にも集中できます。

ＷＷＵＫ　反対に韓国は、先生を入国させませんでしたね。

呉　もう何年も韓国に帰れていません。入国禁止になっているんです。誰にも会えない。かといって日本に帰化せずに韓国に帰国したら、今度は日本に戻ってこられなくなっていたかもしれない。だからこれがベターな選択だったのだと思います。ＷＷＵＫさんも帰化申請中ですよね。これは、自分のアイデンティティとも関係しますし、強い信念や覚悟が必要だと思いますね。

ＷＷＵＫ　僕の場合は、なんといってもやっぱり日本が好きで、日本を守りたいという気持ちがまず一番大きいです。呉先生には失礼な言い方になってしまうかもしれませんが、もう韓国国籍に対してまったく未練はありません。日本でずっと暮らしたい。骨を埋めたいという思いしかないので、韓国に帰る気がありません。

呉　ご家族は大丈夫なの？

WWUK　将来的には、韓国の両親にも日本に来てもらって、一緒に生活したいと考えています。これは僕の恵まれている点です。父はビジネスでも日本と関係があったので、僕は小さいころから日本を訪問していました。現実の日本を見ていたので、家族全員が日本に対してネガティブな気持ちはありません。むしろ韓国にいるよりも暮らしやすいという考えです。だから僕の日本国籍取得も応援してくれています。ただし、僕の中に韓国に対する愛国心がない、というわけではありません。愛国心があるからこそ韓国には変わってほしい。単に、日本に帰化するのではなく、日本にいて自分の立場だからこそできることがしたくてＹｏｕＴｕｂｅを始めたんです。

呉　国籍を変えて思い切った言論活動をする、というのは、私も大賛成ですね。ＷＷＵＫさんには早く日本国籍を取得していただきたい。実際、本はベストセラーになって、日本社会に大きく貢献しているんですから、私は強く推薦したいですね。ただ、国籍を変えても妨害はすごいですよ。

WWUK　先生の場合は、本当に、政治亡命に近いような形ですよね。僕はあくまで日本に長く暮らし、生活の基盤を持つイチ外国人の立場ですから。すんなり申請が通るといいのですが。

呉　この対談本も出版されるわけですし、そういう活動をアピールしたほうがいいと思いますよ。出版もYouTubeの活動も、日本のためにリスク覚悟でやっているのですから、役所の方には「論より証拠」でじっくり見ていただきたいですね。著作活動を活発に展開してきている中国出身の評論家の石平さんも、比較的すんなりと帰化申請が通ったとおっしゃっていました。

「ウリ」への〝裏切り〟は許されない

呉　WWUKさんは韓国籍への未練がないので心配はいりませんが、それでも韓国人が韓国を批判しながら日本に帰化することは、韓国、そして韓国人という巨大な「ウリ」を裏切ることになるわけです。私は当然ですがWWUKさんもその覚悟はできていると思いますけど、人生を賭けた重い決断です。

WWUK　もともと韓国に「所属」していたのに、あろうことか仮想敵国の日本を選ぶというのは、彼らの「韓国人であるプライド」そのものを強く刺激するでしょうね。裏切り行為ですよ、彼らにとっては。

呉　日本人の読者にはなかなか伝わらないかもしれませんが、無意識のうちにDNAレベルまで浸透しているような「ウリ」という意識に背くことになります。背徳者と見なされるし、韓国人にとっては受け入れがたい話でしょうね。

WWUK　たとえて言うなら、「自分の家族の悪口を、もっとも聞いてほしくない人の家にわざわざ上がり込んでべらべらしゃべる」といった感じですかね。家族だから無条件で擁護しなければいけないのに、それをしないばかりか、もっとも知られたくない人に吹き込んでいるように見える。

呉　しかし、自分の考えや発言を大事にしたいから、リスクを覚悟してでも決断するしかない。私はもうさんざん彼らに批判されてきたんですよ。〝裏切り者〟に対する追及は終わりがありません。発言内容、出版物、テレビ出演などを細かくチェックし、「呉善花がまた嘘をついている」とさまざまなルートでネガティブ・キャンペーンをします。韓国のマスコミは、私を攻撃するために、最初から結論ありきのカタチで発言を勝手に切り取り、一方的なストーリーを捻り出します。「呉善花は日本の右翼に利用されている」とか、韓国のテレビ局にはさんざん決めつけられました。そのため私の家族がどんな憂き目に遭ったか……。WWUKさんも同じような経験をしたんですって？

WWUK　そうです。まさに呉先生の体験を、僕もいま追体験しているんです。呉先生と同じ番組です。この話は、韓国マスコミそのものが抱えている問題の表れですので、のちほどじっくりとお話しできればと思います。

事実ではなく「印象操作」が狙い

呉　やはりそうですか。WWUKさんの活動も、かなり韓国で反響があったんですね。反響があったというと、本来はいい意味なんですが……。

WWUK　もう、ボロクソですよね。下品な表現で人間性を批判してきます。

呉　悪いイメージを拡散させるため、人格を攻撃してくるでしょ？

WWUK　そうです。論理の正当性は皆無です。こいつはどう見ても韓国人の顔じゃないだろうとか、こいつの言っていることは全部嘘だとか。もちろん、印象操作が狙いなので証拠の提示は一切ありません。

呉　昔からそうです。先ほどの〝整形願望〟の裏返しなのか知らないけれど、人様の外見に対する攻撃や、人格否定の批判が陰湿です。

WWUK　僕はあまり気にしていません。それって結局、論理的に批判できないから、見た目やら人格やらを対象にするしかないわけで。先生もそうだと思うんですが、僕もあくまでクールに、事実とデータに基づいて反論したい。

呉　韓国で私たちを批判している人たちは、簡単に言えばヘイトですよ。

WWUK　おっしゃる通りです。自分たちに対するヘイトや差別には粘着的なほど批判してくるのに、自分たちは同じことをしていても気に留めない。この状況を、第三国から見たらどんな構図になるのか。韓国側のダブルスタンダードですよ。

呉　そう、他国に対して、冷静かつ積極的にアピールしていかなければならないですよね。日本はその点が圧倒的に韓国よりも遅れていますよ。

WWUK　いま外国の話になって思い出したんですが、つい最近、スウェーデンにいる友達から、僕の本について連絡が来たんです。僕が日韓の歴史や外交問題について詳しく書いたことを伝えたら、彼は「昔、日本軍が戦争時、韓国人の女性をレイプしたというのは本当か？」と聞かれたことがあるので、やはり事実とは違う情報が浸透していることを再確認し、ショックを受けたんです。

呉　韓国は、海外への広報に力を入れていますからね。

WWUK　ＶＡＮＫ*という団体がありますよね。「サイバー外交使節団」という触れ込みの非政府組織ですが、実際は国の政治的な影響を受けている大企業などがお金を出していますし、２００８年までは政府の支援もあったと言われています。さらに山田宏参議院議員によりますと、韓国教育部傘下の東北アジア歴史財団がＶＡＮＫに資金の提供をしていることが判明したとのことですので、もはやＶＡＮＫと韓国政府のつながりは明確になりました。

このＶＡＮＫという反日工作組織はＹｏｕＴｕｂｅやブログ（ＮＡＶＥＲという韓国を代表するサイトのもの）や組織の公式サイトを通じて、旭日旗、竹島、日韓併合、自称慰安婦、自称徴用工等に関して、堂々と嘘の情報を英語の字幕付きで世界に発信しています。歴史にあまり詳しくない一般の外国人の方々がこれを目にすると、本当に信じてしまいます。しかしながら日本政府は、これといっ

VANK
サイバー外交使節団、Voluntary Agency Network of Koreaの略。1999年設立の民間団体で、電子メールを通じて世界中のネット市民に韓国の「正しい」「美しい」姿を伝えることが目的。その一環として、竹島問題や日本海呼称問題、中国の「東北工程」についても積極的に発信している。寄付で運営されているとしているが、過去、国家機関や大企業からも寄付金を受けている。

た実質的な対策を設けておりません。国際社会に対するアピールが弱いと感じました。同じプラットフォームに立って、正面から戦わないといけない。一体どこの外国人が、わざわざ日本政府や外務省の公式ホームページまで来てくれて旭日旗の説明を見るのかという話ですよ。僕は微力ながらそういうことでも頑張りたいと思っていますけれど、まずは日本政府、そして国民が本気になってほしいです。

呉　これからは、それこそ英語でしっかり発信しないといけませんよね。しかも、韓国だけではなくて、中国に対しても広報戦略を考えなければいけません。

WWUK　とても重要なことなので強調しておきたいですが、VANKの主張はおかしい点ばかりです。しかし、インターネットを使った宣伝のテクニックは上手です。このままだと真実は何かよりも、広報がうまいかどうかで国際世論が傾くという危機感を持ってほしいんです。VANKのような団体を支持する人たちは、もはや主張が正しいかどうかなど気にしていません。目的だけがあって、それこそ呉先生のおっしゃった韓国人の女性の口説き方ではありませんが、ひたすら強い愛国心で押し通して、何度も何度も諦めずにスクラムをかけてくる。恋愛と一緒で感情が先行し、理論的に説得しようという意思がもともとないんです。

呉　彼らは何が真実かには興味がないんですよね。彼らの主張が間違っている決定的な証拠に出会ったとしたら、なんとしてもそれを隠し通そうとする。それは知りたくない歴史、知ってはいけない歴史だからです。

こうして私たちは「裏切り者」扱いに

WWUK　韓国のこういう点は、本当に残念でなりません。

呉　「知ってはいけない、勉強してはいけない」という理屈は根本的におかしいんですよ。それでも韓国では、私たちのような人間に「親日派」というレッテルを貼ることで、私たちに対する思考、評価を停止させることができるんです。取るに足らない人間というか、もはや人間扱いされないというか。「親日派」となれば、韓国では生きていられない裏切り者扱いだからですよ。

WWUK　そうです。しみじみ先生の言葉を噛みしめています。僕は本を出してから、お前は裏切り者だ、21世紀の李完用《イワンヨン》*だと言われ続けています。

呉　私はずっとそう。それがそのまま……。

李完用（1858―1926）
大韓帝国（日本に併合される直前の国号）の重要閣僚で、親日的政治家の代表。日本による保護国化を取り決めた1905年の第2次日韓協約、10年の日韓併合条約に調印。現代韓国では李完用が国璽（こくじ）を勝手に使用したとして一連の取り決めは無効であり、日本の朝鮮統治は不法と考えられているが、国際的には認められていない。李完用はあくまで皇帝一族を守るために行動したとされるが、現在の評価は代表的な「売国奴」になっている。

WWUK　そのようです。呉先生とまったく同じパターンで、今度は僕が攻撃されている。ワンパターンです。「こいつは次世代の王様か」みたいに言われました。少し面白い。ここまで来ると光栄ですね、かえって(笑)。

呉　私の場合は、まだ本や雑誌が中心ですから。WWUKさんはYouTuberだから、より影響力が強いし、ダイレクトに素早く響きます。反応も直接的に返ってきそうで、本当に気をつけてほしいです。

WWUK　ありがとうございます。お察しの通り韓国人からもひどいコメントがたくさんつきますが、そこにフィルターをかけていまして、あからさまな悪口なんかを書かれると、コメントそのものが投稿できないようにしているんです。

呉　ああ、そういうことができるんですね。

WWUK　はい。ですから、親日派と決めてかかってくる韓国人が使いそうな常套句の中で、「金稼ぎ」とか、「死ね」とか、「殺すぞ」みたいなワードは目にせずに済んでいます。

呉　それは、ハングルで書かれるんですか?

WWUK　そうですね。親の悪口まで書かれます。

呉　そういうのは見ないほうがいいですよね。いくらくだらない批判だとわかっていても、精神衛生上、やっぱり目にしてプラスになることなどまったくありません。でも、改めてWWUKさんはとても強い人だと思いました。批判があっても負けずに立ち向かって、ひるまずにガンガン行くでしょう？　ただ、これでもう、韓国には本当に戻れませんね。

WWUK　残念です。韓国や韓国国籍に未練はありませんけれど、ハングル*は好きです。結構プライドを持っています。非常に効率がいい。記号ですから、構造的に速く読める。キーボードでも素早く打てる。外国人も覚えやすいし、何かと効率がいい。日本語はひらがなも漢字も一文字ずつ覚えなければならないので、ゼロから学んだ韓国人からすれば、負担は大きかったです。母国語のハングルで罵詈雑言ばかりを書き込まれるのは悲しいですよ。

呉　結局、朝鮮時代の500年間、これといった文化はすべて抹殺してきましたから、ハングルしか自慢できるものがないんです。だから韓国は、母国の自慢をするときにハングルを強調する。

WWUK　ハングルといえば、呉先生は帰化されるにあたってお名前は読みも含めてそのままにされたんですよね。どんなお考えですか？

呉　私は、帰化前から自分の著書でこの名前を日本で使っていましたから、これ

ハングル
朝鮮語の表記に用いられ、表音文字の一種。音素を表す要素の組み合わせでつくられる音節文字。1443年、李朝第4代の王・世宗の命でつくられ、1446年に「訓民正音」の名で公布された。当時は母音字が11、子音字が19あったが、その後は数が減って、現在に至っている。諺文（おんもん）とも呼ばれたが、漢字に対して卑下した意を含むので、現在ではハングル（大いなる文字）の名称を用いる。

で申請をしました。帰化しても呉善花のままで通していますし、パスポートもこのままの名前で、読み方も「オ ソンファ」のままです。

WWUK　この点を誤解している人は日韓双方で少なくないですね。

呉　はい。ただ、韓国の名前のままにしたことでデメリットもあります。ここまでお話しした通り、私は韓国では「親日派」「裏切り者」と呼ばれ、しかも日本に帰化しました。日本人になれて安心したけど、だからといって私に対する攻撃が止まるわけでもない。親日言論を発すれば、いまでも必ず叩かれます。

WWUK　そうでしょうね。

呉　もちろん日本で暮らしていれば韓国人に会うことは少ないし、日本に自発的に来ている韓国人ならいいんですけど、それでも講演会などに呼んでいただくときには、できるかぎり韓国人が来ないようにしてほしいと主催者にはお願いをしています。

WWUK　何か事件のようなことがあったんですか？

呉　何度もあります。例えば、ある地方都市の講演会に、たくさんの聴衆が集まりました。そこで日韓の文化の違いや韓国人の反日感情を話していたら、前に座って聞いている人の様子が明らかにおかしい。何というか、体がそわそわモジモジしている。

WWUK　怖いですね。

呉　講演が終わって質疑応答の時間になると、その人が立ち上がって質問しました。「自分は韓国の領事であり、あなたの言っていることは偏見だらけで、全部間違いだ！」って大声で叫ぶんですね。

WWUK　それは質問ではないですよね、少なくとも。

呉　そうでしょう。私が話したのは文化の違いです。ご飯の食べ方で言えば、日本人はお茶碗を手に持って、韓国人は食卓に置いたままで食べます、お互いに抵抗を感じますよね。要は、日常生活の違いからはじまって両国の相違点を説明しているんです。それに対してあなたの意見は違うとか、偏見だと言われても困ってしまいます。

別のところでも、呉善花さんはおかしい、間違いだと、わざわざその場で発言して、せっかくの会を妨害し、台無しにするようなことをされました。それまで一生懸命聞いていた人たちは、急にそんな事態に直面したらびっくりしてムードが盛り下がっちゃいます。

WWUK　彼らは最初から雰囲気を壊すことが目的でしょうね。

呉　だから、できるだけ韓国人が来ないようにお願いしているし、まして韓国人が集まる会には行かないようにしています。

容赦なく攻撃される私たち

WWUK　そして、呉先生はついに韓国から入国自体を拒否されてしまいますよね。単なる親族訪問なのに。

呉　そうですね。最初は２００７年、母の葬儀の際に入国を拒否されたのですが、いろいろあって、葬儀を終えたらすぐに帰るという条件付きで入国許可となりました。しかし、２０１３年に親戚の結婚式に行ったときは完全に拒否されて、入国禁止。日本に送還されてしまった。

WWUK　家族の集まりなのに、人道主義も思いやりもありません。

呉　そのときも、日本に戻ってから怖い思いをしました。外国人記者クラブで記者会見をして、たくさんの国から外国人記者が集まりました。私のそばには『産経新聞』の記者さんがずっと付き添ってくださいました。ところが何かのタイミングで記者さんが離れた直後、知らない女性が2人近寄ってきて、ここではとても口にできないような韓国語の悪口を浴びせたんです。「犬」に例えるような言葉です。当然韓国語のネイティブでなければ知らない言葉。

WWUK　はい、わかります。最大級の侮蔑ですよね。

呉　最初は握手しようというそぶりで寄ってきます。記者会見ですから記者しかいないと思うじゃないですか。その人も韓国の記者だったのかもしれませんが、突然目の前に現れ、「お前は韓国の名前を使うな！」と韓国語で叫ぶわけです。正直、ナイフで刺されるのではないかと思いました。

WWUK　結局、その人は何者だったんですか？

呉　わかりません。マスコミ関係者でしょうけれど……。しかし、見た目は普通の家庭の主婦でした。

WWUK　こんな言い方はあんまり良くないかもしれませんが、むしろ韓国に入国できないほうが、かえって危険を避けられます。

呉　そうかもしれませんね。韓国でわざと車をぶつけられたこともあります。何度も危ない経験がありますからね。

WWUK　ええっ？　どんなふうにぶつけられたんですか？

呉　おそらく空港に着いたときから目をつけられていたみたいですね。ぶつけられたのは朴槿恵《パククネ》*政権のときでしたが。今後もし入国できたとして、同じようなことが起きるかどうかはわかりません。

WWUK　空港で見張っているって、どこで入国情報を手に入れるんだろう。

呉　それは、もう搭乗するときからわかっているんでしょう。

WWUK　でもそれって、限りなく不当な行為ですよ。

呉　そうかもしれませんが、飛行機の名簿は相手の国に通知しなければならないです。先日も新型コロナウイルスの流入防止で入国を厳しくしていましたが、本来日韓はビザなしでいくらでも渡航できます。でも、私の名前は韓国側の注意人物リストに入っているんでしょうね。

WWUK　そうか、国の関係者同士で搭乗名簿は相互に通告していますよね。そのシステムを活用すればいいのか。

呉　政府や警察、情報機関であれば、私が飛行機に乗った時点で把握しているんでしょうね。WWUKさんも気をつけないと。

WWUK　実は先日、韓国の「共に民主党」*の議員が、僕の「WWUK TV」に目つけているらしいことがわかったんです。僕の配信を見ている韓国人がその

朴槿恵
韓国の第5代～第9代大統領である朴正熙(パク・チョンヒ)と陸英修夫妻の子として、慶尚北道大邱市(現・大邱広域市)で生まれた。保守政党のハンナラ党代表、セヌリ党非常対策委員会委員長を経て、2012年の大統領選挙で革新政党民主統合党の文在寅に勝利。13年2月に東アジア初、韓国史上初の女性大統領(第18代)に就任したが、セウォル号沈没事故への対応不備や崔順実ゲート事件など一連の不祥事によって、17年3月に大統領弾劾が成立し罷免され逮捕、収監された。

議員とつながっているんだと恫喝してくるんですよ。「お前の言うことはすべて議員に通告しているぞ」と。その議員はいろいろと日本に対して厳しい態度を取っていることで知られていて、あながち嘘とも思えない。僕もいつ呉先生のような目に遭うかわかりませんね。

呉　早く帰化できるといいですね。

WWUK　そうなんですよね。今後の政治情勢によって、政権はさらに親北朝鮮的、反日的な方向に行ってしまうし、警察も検察も思いのままにコントロールできるようになりますから、僕が韓国に入ったらもう何もできないかもしれません。

ファクトを情報量で潰しにかかる

呉　私はどちらかというと韓国人が韓国内でやっているYouTubeを見ることが多いんですが、政府与党に反対する立場だと、いろいろ活動が難しくなってきていると言いますよね。WWUKさんは大丈夫ですか？

共に民主党
文在寅大統領が所属している現在の韓国の政権与党。民主化運動当時からの左派（進歩系）の系譜を継承している代表的政党。前党名は新政治民主連合だったが、安哲秀（アン・チョルス）らのグループが2015年に離党して国民の党（2016—18）を結成したことで現党名になった。12年大統領選挙ではさらに前身の民主統合党から出馬した文在寅が朴槿恵に惜敗するが、朴槿恵罷免後の17年大統領選挙では、保守・自由韓国党に圧勝。

WWUK　YouTubeの規制は日々厳しくなってきていますね。基本的な規制としては、動画のタイトルやサムネイルなどに「韓国」「慰安婦」「文在寅」などといった日韓問題と関連する単語を入れると動画が不適切と見なされ、収益化不可にされてしまいます。ただこの規制もかなり中途半端でして、すべてのチャンネルに対し、公平に規制を行っているならまだしも、「WWUK TV」だけが差別的に規制されているといった状況です。また過去には、ある韓国人の方から僕が「嫌韓&日本擁護」をしているとし、韓国青瓦台の国民請願サイトにて告発されたこともあります。これも先生が遭われてきた話と同じく、要するに「反日無罪」という感じで、話の中身は細かく見ていません。反日というよりは、「親日罪」ですよ。

呉　そうね、「親日家」には何をしても罪に問われない。裏切り者にはいくらでもひどいことをして構わない。

WWUK　ですから、あれこれ無理なこじつけをしてからんできて、YouTuberの配信を止めようとするんです。

呉　彼らには快感でしょうね。正義を貫いているつもりだから。

WWUK　付け加えますと、彼らは「親日」という存在そのものが許せないのに、さらにＹｏｕＴｕｂｅの世界でお金を稼いでいることが絶対に許せない。僕にはそういう意識がないんですが、彼らの目には、「韓国を裏切って日本を何でも褒め称えて、韓国の行いは無条件で批判している」存在でしょうから。そんなコンテンツでお金を稼いでいることが、それこそ「恨」ではありませんが、絶対に妥協できない感情を刺激するんでしょう。

呉　私も、ずっと同じことをやられています。要するに、呉善花は日本の右翼と結託して、金をもらって、韓国を売って金稼ぎしていると。いまだに言われます。

WWUK　自分の頭で考えて、データや資料も用意して、言いたいことを言っているだけなのに。表現の自由はないんでしょうか。せめて、感情だけで強烈に反発することはやめてほしいですよね。

呉　呉善花は日本の右翼に騙されている、という言い方をする者もいます。日本の右翼が呉善花を使って自分たちが言いたいことを書かせているんだ、というわけです。

WWUK　僕は、李栄薫《イヨンフン》＊さんの弟子だ、と勝手に決めつけられましたよ。まさか、一度も会ったこともすらないのに。彼らの頭の中ではいつの間にか知り合いに

李栄薫
経済学者、落星台（ナクソンデ）経済研究所所長、「李承晩学堂」校長。元ソウル大学経済学部教授（2017年定年退官）。専門は朝鮮時代後期を中心とする近現代の社会経済史、農業経済史。いわゆる「ニューライト」、植民地近代化論（日本統治時代にさまざまな文物が導入されて近代化が図られ戦後の高度成長につながったと考える説）の代表的論客とされ、ＹｏｕＴｕｂｅで講義を展開。19年に出版した『反日種族主義』（共著）が日韓でベストセラーとなる。

なっている。僕や他の親日YouTuberは、ドキュメンタリーで、「この親日YouTuberたちは、李栄薫さんたちの教えを受けていると見られる」なんて、当たり前のように結論づけられるんです。僕のYouTubeにコメントしてくる程度ならまだしも、地上波のテレビのドキュメンタリー番組が勝手に決めつけてくるんです。まったくのでたらめ。ファクトを情報量で潰しにかかる恐ろしいやり方ですよ。

呉　私も同じような経験があります。彼らの狙いは、私たちへの攻撃というよりは、私たちを韓国人の反日感情を刺激するための道具にすることです。だから、韓国側が政治的に必要とするタイミングで使われます。

WWUK　僕も2019年の「NO JAPAN」*の流れに影響を受けていると思います。

呉　もうひとつ、日本人の読者があまり知らないことも言っておきましょう。私に対しては「蔑視」もあるんですよね。

WWUK　女性蔑視とか、そういうことですか？

呉　それもありますが、私が済州島《チェジュド》出身ということを、わざわざ強調して批判します。「済州島出身」の呉善花はいかに汚い人なのかという切り取り方ですよ。

NO JAPAN　2019年夏に韓国国内で起こった運動。日本政府に対するデモを繰り返したほか、日本製商品の不買運動をするなど韓国全土で展開された。同時期に行われた世論調査では、7割を超える人が不買運動に「参加している」と答えた。

ＷＷＵＫ　地域対立や地域差別ですね。

呉　彼らの頭の中にある常識では、済州島の、あんな田舎出身の人間が、日本の東京のような国際的な舞台で「活躍できるはずがない」という前提があるんです。だから、利用されていたり、金をもらっていたりしているに「違いない」という流れに持っていく。私がソウル出身で、ソウル大学を出ていればこんな批判は受けないんでしょう。彼らは田舎者が最先端の日本で歓迎されるわけがないと本気で思っています。

ＷＷＵＫ　なるほど……先ほどの就職面接の話ともオーバーラップしますよね。出身やコネだけでなく、実力を評価してくれる世界を知らないんでしょうね。

「韓国のありがちな嘘に切り込みたい」

呉　だから、そういう韓国社会に首まで浸かる前に海外に出られたＷＷＵＫさんがうらやましいし、ご両親はとても大切な機会をくださったと思います。

ＷＷＵＫ　家族の話で呉先生に聞きたいことがあります。僕がいまＹｏｕＴｕｂ

eでしている活動は、韓国から見れば「親日」のカテゴリーに入りますので、僕の家族が非難されています。特に、周りの親戚からかなり否定的に見られているというか、「お宅の長男は何をやっているんだ」と言われているようで、本当に気が重いです。呉先生の場合はどうでした？

呉　私は早くからさんざん言われてきましたからね。

WWUK　いまでも批判の度合いは変わりませんか？

呉　周りから言われることはあるでしょうね。もともと、本当に私に身近な人、兄弟なんかは、なんだかんだ言ってもカバーしてくれていたんですね。ところがだんだん私への批判が激しくなっていくと、そうもいかなくなる。少し前には、私が怒られました。名前を変えて別名を使ってほしいと。

WWUK　そうですか……。

呉　日本の本や雑誌ならまだマシですよ。言語が違うから、そこまで簡単に目に触れたりはしません。でも、日本のテレビに出ると必ず韓国のメディアが取り上げて、何倍にも誇張して、私の意図を曲げて報道するんです。

WWUK　ネットがありますからね。

呉　そう。私は何にも悪口なんて言っていないのに、呉善花がまたこんなとんでもない発言をした、というニュースをつくりたくて、勝手に切り取って流すんでしょう。そのおかげで私の家族や親戚が傷を負うわけです。私から見ればそのニュースが嘘なのに、韓国ではそれが嘘だなんてわかりませんよね、堂々と流れているんですから。それを正面から受けなければいけなくなるのは気の毒です。そして、周囲の人が私に「いい加減にしろ」と言ってくるんですよ。

WWUK　先生は、自分で言ってもいないことを、いちいち説明しなければならなくなりますよね。

呉　いい加減にしてほしいのはこっちです。

WWUK　僕は幸い、家族も理解してくれているのでその点は本当に助かっています。早く日本に帰化して、呼び寄せたいですね。それから僕は、日本国籍を得たら、いま先生がおっしゃったような、韓国にありがちな嘘に切り込んでいきたいんです。

呉　どうやって？

WWUK　実際に韓国に行って、現地の韓国人にインタビューしたり、実地調査をしたいんです。間違えようがないデータや資料を並べて、結局韓国人のおかしな感情が、日韓関係をはじめとするすべての問題の根底にあることを訴えていきたい。そのときは、旭日旗のTシャツを着て調査したい。

呉　二度と韓国に行けなくなるかもしれない。

WWUK　そうです。少なくとも韓国国籍のままでそんなことをしたら日本に帰ってこられなくなるかもしれないので、日本国籍を持てたらいろいろ変わったことにチャレンジしてみたい。日本の若い世代に事実を伝えたいという気持ちも強いんですけど、僕の強みはやはり韓国人だということですから、同世代やもっと若い韓国人に、韓国語でいろいろ伝えたり、インタビューしたりして、お互いの国の人たちに見てもらいたいんです。僕だったら、言葉の壁は簡単に越えられます。両国で共感を得られたら、本当の「敵」が何なのかが見えてきます。

呉　すごい。私には難しいこと。でも危なくないかしら。

WWUK　危険はあるでしょう。だから、韓国に行くまでにお金を貯めて、屈強なボディーガードを2人くらい雇いますよ（笑）。いままでは半分冗談で考えていたんですけど、今日、先生の話を聞いて、真面目に安全面も考えて活動しないと危険だと改めて感じました。

第2章

「反日」と「日本好き」の二重基準《ダブルスタンダード》

儒教文化と嫉妬心

本当に韓国人は「反日」なのか？

呉　私たちという実例を通じて、韓国の反日がどのようなものなのか、ある程度はお伝えできたと思います。今回、ＷＷＵＫさんとぜひお話ししたいのは、そもそも韓国人はなぜ反日なのか、反日になってしまうのか、ということです。２０１９年には先ほども話に出た李栄薫先生編著の『反日種族主義』*（日本語版、文藝春秋）が韓国でもベストセラーになって、少し雰囲気が変わってきましたが、そう簡単に反日の旨味を手放すとは思えません。

ＷＷＵＫ　そうですね。ただ、反日という言葉はイメージが広くて、理解が難しいです。いかようにも解釈できます。

呉　韓国人は、よほど政治に関わる生活を送っていないかぎり、普段は日本に親しみを持っています。日本人の目には「親日」に見えるじゃないですか。最近で言えば、特に２０１９年７月の輸出管理問題の前までは。日本人から見たら、韓国人の急な態度の変化ってすごく当惑すると思うんです。このあたりはどういう

『反日種族主義』
韓国・落星台経済研究所の李栄薫、金洛年、金容三、朱益鐘、鄭安基、李宇衍が共同著述した書籍。2019年7月に韓国の出版社・未来社から出版され、11万部を突破するベストセラーとなった。内容は、「日帝下徴用等強制動員・日本軍慰安婦被害者・独島領有権」となっており、日本の朝鮮統治時代に対する韓国人の通念を否定している。日本語版は2019年11月に文藝春秋から出版され、同じくベストセラーに。

心理メカニズムになっているのか。日本人にはよくわからないし、実は韓国人も正確に理解していないと思うんです。

WWUK　おっしゃる通りです。日本で韓国批判している人も、批判はいいんですけど、そのあたりの構造は見えていないと思います。韓国で、国を挙げて反日一色というのは、何かの事件やきっかけがあって、それをベースに狡猾に仕掛けが機能したときに噴出するんですよ。

呉　そうそう。私やWWUKさんじゃなくて、利用されているのはごく一般の韓国人たちですね。

WWUK　本当です。みんな気をつけたほうがいい（笑）。要するに、韓国の「反日」とは、結局既得権者たちの便利な道具であり、利権確保のツールです。例えば、文在寅政権やその支持者、与党や与党に近い左派勢力の人たち、さらにそこに加担しているメディアですね。彼らに近くない、普通に生活している民間の韓国人たちは、日本人が考えるような「反日意識」はありません。

呉　でも、しっかり自分の頭で考えていない人は、簡単に利用されて考え方が変わっちゃう。普段は意識していない気持ちが刺激される。

WWUK　そうです。最近それがはっきり現れたのが、2019年の自称徴用工問題から輸出管理強化問題、「ホワイト国除外」から「NO JAPAN」、日本のモノを買わない、日本へ旅行に行かない、という流れで、国民の感情を上から激しく刺激してきた。「日本がまた侵略してきた。今度は経済侵略だ。私たちは二度と負けない！」と叫ぶのです。韓国人なら子どものころに先生から「日本は悪い国だ、私たちにこんなひどいことをした」と言われて育っています。でも、普段はそんなことを気にしないし、忘れている。だから車はレクサスが大好きで、ビールといえばアサヒ・スーパードライ、冬は必ずと言ってもいいくらいにユニクロのヒートテックを着ているわけなんです（笑）。このように、韓国のダブルスタンダードは韓国政府のみならず、一般国民にも見られます。

呉　だって、年間750万人も日本に旅行に来ていたんですからね。お寿司を食べて温泉にゆっくり浸かって美味しい日本料理を食べている。

WWUK　そうです。しかも、2020年に新型コロナウイルス感染症の問題が本格化するまでは、いったん盛り上がった「NO JAPAN」もだんだん息切れしていて、結局、ユニクロでヒートテックをプレゼントすると言われれば行列に並びます。旧正月の連休になれば日本に旅行に来る。いろいろとつじつまが合わないし、矛盾だらけです。日本で見ていると、大きな声で反日を叫んでいる過激な人たちが目立ちますけど、少なくともあれが韓国人の多数派ということは、若い世代ではありえません。

呉　韓国のマスコミがちょっとした反日的な動きでも一生懸命頑《かたくな》に伝えているから、日本人には大ごとに映っている。

WWUK　それ自体が韓国マスコミや、彼らを掌握している政権与党の狙いです。日本を利用して国民感情を操っていますからね。ネットニュースのコメントは韓国では影響力がありますし、最近では翻訳ソフトを使って日本からでも見られますけど、一時期コメント欄が操作された事件*がありました。政治ニュースでは、「共感」が多い順に並び替えができなくなっており、時系列だけになっている。僕にはその基準が恣意的に運用されているように見えるんですよ。政権や与党に有利なニュース、つまり反日をあおるような内容だと共感順に並び替えができるのに、親日的、反政権的なコメントがつきやすいと時系列でしか見られなくなったりする。これも結局、反日はカードでしかなくて、現政権が自分たちに有利になるように、世論をコントロールしているということですよね。怖いですよ、いまの韓国は。

コメント欄が操作された事件
韓国では「NEVER」や「ダウム」などのポータルサイトのニュース欄に書き込まれるコメントに大きな影響力があり、さまざまな操作の対象になってきた。その代表例は、2012年大統領選挙における国家情報院（情報機関）によるコメント操作事件（現在も裁判中）、17年大統領選挙における「ドルイドキング事件」（コメント欄の「共感」数を自動的に増やし有利なコメントを上部に表示させるマクロプログラムを文在寅候補陣営の腹心に提供し、見返りに公職を要求したとされる事件。現在も裁判中）などがある。

『反日種族主義』の功績と限界

呉　いまの韓国は、インターネットの影響力が日本以上に強い。そこでは割と現実的な意見を出している人も多い。李栄薫さんもインターネットやＹｏｕＴｕｂｅでの活動で活発な活動を続けていくなかで、本が売れていったわけです。それだけ攻撃対象にもなりやすくなった。

ＷＷＵＫ　僕のチャンネルは、もともと韓国人的には「親日」と見られる人たちが来ることが多いです。すでに申し上げたように、根拠のないアンチコメントはできるだけ排除しているので、比較的影響はなかったです。最近はインターネット上に、いわゆる「親日派サイト」があるんです。もっとも有名なのは「日刊《イルガン》ベスト」、略してイルベと呼ばれているサイトなんですが、ここには多数の親日派が集まっており、日韓併合で朝鮮半島は近代化し、自称慰安婦も自称徴用工も韓国で教えている歴史は嘘であると真実を知っていて、もっと知りたいという人たちが集まっているんです。『反日種族主義』のような本は、これまで韓国の政府

李承晩（1875―1965）
韓国初代大統領。アメリカ留学。1919年「三・一運動」後の大韓民国臨時政府（上海）設立に当たり大統領に推されたが内部闘争で失脚し再び渡米、対米ロビーに従事。45年に帰国し、アメリカの支持も受けて初代大統領となるが、親米とともに徹底した反共、反日路線を貫き、政敵や左派を徹底的に弾圧、独裁色を強める。4選を目指した大統領選挙の不正に

や教育界がどんな方法で韓国人を騙し、彼らに反日の感情を植え付けてきたかを教えているけど、とにかく昔とは違って、ネット空間で本音をカミングアウトできるようになったことは本当に大きいと思います。相乗効果があったからこそ『反日種族主義』が売れたんでしょうね。少し前ならこんなこと考えられないじゃないですか。

呉　まだ大きな動きとは言えないけど、いままでの反日はおかしいと考える人はだんだん増えてきています。

WWUK　日本がひたすら悪い、被害者には1000年間も謝り続けなければならない、みたいなばかばかしい常識が揺らぎ始めているのはいいことです。ただ、細かく見ていくと、『反日種族主義』にも少し残念な点があります。

呉　李承晩《イスンマン》*に関することですよね。もともとこの本の母体になっているのは李栄薫先生の「李承晩学堂」で、その目的は反日への批判ではなくて、李承晩を批判する左派勢力への抵抗ですよね。

WWUK　はい。この構造は日本人には見えにくい話です。日本人向けにわかりやすく言えば、竹島を奪った*のは李承晩です。彼自身は韓国の反日の元祖と言ってもいい存在です。ただ、70年経った現在の韓国の政治的対立から見れば、右派

抗議する運動の拡大によって失脚（60年四月革命）、アメリカに亡命する。

竹島を奪った
1952年、いわゆる「李承晩ライン」（後述）を設定した韓国は、53年、アメリカ軍の訓練区域から外れた竹島に漁民を送り、日本の巡視船を攻撃するようになった。54年には沿岸警備隊が竹島への駐留を開始し、接近する巡視船を排除し、以降実効支配を続けている。現在竹島には「独島（ドクト）守備隊」と呼ばれる警察部隊が駐留している。韓国政府は、日本政府の国際司法裁判所における解決の提案を拒否し続けている。

と左派の間でその辺があいまいになっています。今後仮に右派が政権を取り返しても、竹島は相変わらず日本に譲る気なんてないということですよ。

呉　まあ、それはそうでしょうね。保守の李明博政権だって政権の終わりには竹島に上陸して反日を利用しました。

WWUK　僕からもうひとつ指摘しておきます。『反日種族主義』をお読みになった人ならわかると思いますが、この本でも1910〜45年は、あくまで「日本の植民地支配」なんです。そして、その過程では日本による朝鮮人の差別や搾取、抑圧があったということです。この本がベストセラーになったことは、この本を支持する人たちでさえ、日本による植民地支配の「蛮行」をある程度信じてしまうということです。その点は本当に残念です。左派を抑えるために、中国や北朝鮮に国を奪われないために、そんなことを言っていられる状況ではないんでしょうけどね。

呉　基本的に、伝統的な保守派が支持する李承晩や朴正《パクチョン》熙《ヒ》*の政策がいかに素晴らしかったかを訴える本です。左派が政治的に反日を利用して保守派を攻撃していることへの批判ですからね。日本はそのなかで、やはり材料として使われている。日本でも45万部売れてベストセラーですけど、しっかり読む力がない人は、

朴正熙（1917—79）
日本統治下の慶尚北道・亀尾（クミ）生まれ。貧農化した没落両班（ヤンバン）家庭の末子に生まれたが、成績が良く学費無償の師範学校を経て教員になったあと、志願して満州国軍官学校に入学、日本の陸軍士官学校に編入し、満州国軍中尉で終戦。韓国軍に転じて朝鮮戦争を戦い、陸軍少将当時の1961年、李承晩失脚後の混乱を軍事クーデターで掌握。63年大統領。事実上の軍事政権で開発独裁を続け、日韓国交を正常化した。79年に側近によって暗殺された。

むしろ李承晩を手放しで評価してしまうかもしれません。

WWUK　そのあたりは、正直ごちゃごちゃです。これは李栄薫さんご本人も述べている。別に自分は親日ではなく、韓国の嘘に呆れて本を出すわけで、日本を擁護するつもりはないと。そこを日本人は読み落とさないでほしいですね、一方的に引かれた「李承晩ライン」*のせいで、多くの日本漁船が拿捕《だほ》されて、犠牲者もいるのですから。すべてをポジティブに称えるなんて、日本人はしてはいけないですよ。

呉　大切な指摘ですね。韓国人の「竹島は韓国固有の領土」だという主張を、実際的に保証しているのが李承晩ラインによる実効支配ですから。李承晩が一方的に李承晩ラインを引くことができたのは朝鮮戦争中のことで、日本が独立を回復する直前のどさくさだったからですね。李承晩ラインの宣言は1952年1月18日ですが、日本が主権を回復したのは、講和条約が発効した1952年4月28日のことでした。

WWUK　日本国内でも、竹島韓国領説や、別に竹島にこだわらなくていいんじゃないかという説をあっさり信じる人もいますからね。これは、日本の自虐史観教育の影響のひとつかと思います。

李承晩ライン
サンフランシスコ平和条約発効直前の1952年1月、李承晩大統領は一方的に「海洋主権宣言」を行い、海上に設定した水域の漁業権を主張、竹島もその中に取り込んだ。この際の線を俗に「李承晩ライン」と呼び、ラインを越えた漁船は次々銃撃、拿捕され、死者も多数出た。65年、日韓基本条約調印によって李承晩ライン自体は解消されているが、竹島に関しては韓国固有の領土として態度を変えていない。

アメリカから離れたい韓国左派

呉　少し見方を変えましょう。それでも韓国の李承晩支持者と日本が共闘できる点があるとすれば、盧武鉉*政権以降の左派の急速な拡大を止めなければ、何も始まらないという問題に直面しているからですよね。盧武鉉政権は、日本統治時代の親日派の財産を没収するという、「法の不遡及」の原則を堂々と破る法律をつくったとんでもない人です。それまでの政権とは反日政策の次元が違います。今度の選挙で文政権が勝ったら、より反日は加速します。

WWUK　もはや反日というより、アメリカから離れる目的を隠さなくなると思うんですよね。反日は離米するための通過点であり、ステップでしかありません。要するに、いまの左派政権にとっては日本なんてもうどうでもいいんです。反日強化にしても反日を弱めるにしても、すべて国民感情を操るためのツールやカードにすぎないんです。

呉　2019年はその流れがはっきり見えてきましたよね。

盧武鉉（1946―2009）　韓国第16代大統領。慶尚南道金海（キメ）出身。高卒ながら人権派弁護士として活動、政界へ進出する。その後不遇の時期を経て再び金大中に見いだされ、2002年大統領選挙で当選。市民運動や労働組合などの厚い支持を受け反米反日的傾向を強めるが、アメリカの要求に応じてイラク派兵を認め支持が低下。保守の政権交代を許す。親族の汚職を検察に追及されるさなか投身自殺。文在寅大統領は弁護士時代の盟友で、政権でも秘書室長を務めていた。

ＷＷＵＫ　自称慰安婦も、自称徴用工も、ＧＳＯＭＩＡ（軍事情報包括保護協定）も、日本を攻撃しているように見えて、実はアメリカを見据えています。うまく韓国国民の感情を反米の方向に持っていって、米韓同盟を解消して在韓米軍を追い出して、中国の力を借りて南北統一をしたい。文在寅政権の日本に対する態度は、そのための手段でしかない。正直、文在寅大統領って日韓関係に関心があるとは思えませんよね？　国際情勢にはうといし、外交政策はコロコロ変わる。一部のメディアでは、一時期「認知症」と揶揄していました（笑）。

呉　ただ、親日派の財産没収のように、「歴史歪曲禁止法*」みたいな法律が本当に通ってしまったら、ＷＷＵＫさんは危険ですよ。

ＷＷＵＫ　そうでしょうね。過去にさかのぼって何をしゃべったかを調べられちゃう（笑）。もう、ＹｏｕＴｕｂｅの動画配信も自由にできなくなりますよ。

呉　日本では、相手が敵国同然の姿勢をとっても、こと韓国に限っては外交関係が許されている。世界のスタンダードから見れば大笑いというか、笑い話にもならないじゃないですか。ただ、正直に言って、日韓問題に興味を持っている国なんて世界のどこにもない。みんな知らないし、知る気もない。

ＷＷＵＫ　興味ないです。

歴史歪曲禁止法
日本の併合時代を賛美、肯定する団体、個人を処罰しようとする韓国の法律。法律を破った者には、2000万ウォン以下の罰金を科す。2019年12月に制定された。しかし、言論の自由に反するという指摘もある。

呉　だから結局、韓国のめちゃくちゃはそのまま通ってしまう。興味のない国際社会に対して、広報宣伝を頑張っているのは明らかに韓国側です。人権問題とからめてどんどん発信している。日本は本当に声が小さい。世界の人たちはもともと日韓関係に興味がない。歴史的な経緯も知らないから、韓国側が大声を上げていると、事実はそんなものかと思ってしまう。だんだんとやっぱり日本のほうが間違っているんじゃないかと考え始めるんです。

韓国の中年世代が本気で信じている日本

WWUK　とにかく、宣伝に費やすパワーはすごい。僕の世代であれば、普通に暮らしている韓国人が普段反日を意識して生活なんてしていませんけれど、呉先生の時代はいかがでした？

呉　日本と韓国の間の溝というだけでなくて、韓国の世代間のギャップも大きいと思いますね。一言でまとめれば、中年より上の世代の韓国人は日本に対して不勉強です。安易な決めつけや、妙な被害意識とセットになった自尊心をそのまま信じている。たぶん日本人だけでなく、ＷＷＵＫさん世代の韓国人も驚くと思う。

ＷＷＵＫ　どんな感じですか？

呉　その一例として、私がときどきチェックしているＹｏｕＴｕｂｅを紹介します。韓国の、あるカトリック系の有名な神父さんによる「説教」の動画です。何回か日本についてご自分の考えを述べています。

ＷＷＵＫ　韓国では、キリスト教徒がだいたい全体の３分の１くらいいますよね。これも日本との違いのひとつです。

呉　そうですね。その解釈の仕方というか、日本に対するモノの見方、考え方が、非常に典型的です。あらかじめお断りしておくと、この神父さんや宗教団体は、韓国社会において政治的に反日というわけではありません。彼らの「日本製」は、ごく平凡な韓国人中高年層の心の中にある「日本観」そのものと言っていいでしょう。新型コロナウイルスで大騒ぎになる直前の動画ですが、タイトルは「滅んでいく日本」です。

ＷＷＵＫ　ずいぶん大きく出ましたね（笑）。滅ぶ可能性を比較したら、日本よりは韓国のほうが大きいと思いますけれど……。

呉　そうね。だいたいこんな内容を話しているんです。

- 私たちが行かなくなったから対馬は幽霊地帯になった。日本の観光業は大変だ。
- 日本はいつでも、私たちが大変なときに侵略してきた。
- 地図から見ると日本は韓国の横ではなく「下」にある国だ。
- 日本は天災ばかり起きて、いつも不安な国だ。
- だから日本人は「王様」がいないと不安で生きられない。
- 日本は対韓貿易でずっと黒字だ。いつも日本は私たちから奪っていく。
- そうした利益を捨ててまで、安倍総理は自分の政治的地位を高めようとしている。
- 私たちはそれでも日本と仲良くしたいと考えているのに、日本の異常なまでの嫌韓感情の強さが問題だ。
- 私たちは決して日本人をいじめたりしない。しかし、いま日本で韓国人が太極旗（国旗）を振ったらただでは済まないだろう。
- 日本人は私たちの強さを理解していない。日本は現在も韓国を植民地化しようと考えているし、「朝鮮人」はバカと言っているけれど、これは日本人による韓国人の強さを恐れている裏返しだ。

・日本は先進国で豊かな国だと韓国人は勘違いしているが、次第に滅んでいく国だ。

・韓国は、これでやっと脱日本化ができる。若者たちも立ち上がって「NO JAPAN」をやっていて、かつて独立運動の代わりにいま取り組んでいるのだ。

・日本はいまだに放射能に汚染され、これからも天災に襲われるだろう。（日本人は）苦痛とトラウマの国に生きているのだ。私たちは韓国に生きていることを感謝しなければならない。

……というような、びっくりする内容です。

WWUK　いやあー、すごいですね。矛盾だらけ（笑）。ただ、先生のおっしゃる通り、自分の頭で考えられない韓国人の典型的なイメージです。日本は「下」であるというのは、立場として下、ということですか？

呉　日本は地図上で「下」、つまり南側にあるという言い方をしていますが、暗に日本を下に見ているんでしょうね。

WWUK　日本人の読者の皆さんは、こういうイメージが必ずしも左派を支持している韓国人だけでなく、もっと素朴な人たちも持っている「常識」ということを知っておいたほうがいいですね。

呉　そうです。左派系の団体のように、日々反日活動に熱中しているわけではありません。何かきっかけがあって、少し刺激されればすぐこのような反日観に火がついてしまう。こういう「常識」を疑わない。むしろこの神父さんは反共だし、新型コロナウイルス問題*では中国を批判している。北朝鮮の共産主義は批判しているごく普通の中年層の常識を代弁しています。

コロナウイルス問題から見える韓国特有の意識

WWUK　そういう意味で新型コロナウイルスをめぐって日韓の間で起こったいろいろなトピックは、本来の防疫問題を超えて、あれこれ問題点が見えてきますよね。

呉　そう。最初、韓国メディアは日本のクルーズ船問題をさんざん批判していて、自分たちはうまくやっていると信じていたから。

新型コロナウイルス　ヒトに感染する7種のコロナウイルスのうちのひとつで、今世紀に入って以来、動物からヒトに感染したことがわかっている。2019年12月に中国で報告されてから世界的な緊急事態を引き起こしており、これまでに多数の感染者と死者を出している。

WWUK　「韓国上げ、日本下げ」という構図で報じていましたよね。その流れで、世界最高水準の日本が、今回の出来事を象徴として、あたかも落ちぶれたかのような切り口で伝えていました。前述の「常識」にうまくフィットする話です。最初のうちは日本に劣等感を持つ韓国人にとって打ってつけの話題だったと思いますね。余談ですが、ＹｏｕＴｕｂｅでは今回の新型コロナウイルスに関する投稿をかなり厳しく規制しています。「この動画は不適切」と認定されることが多かった。僕もこの問題を通して日韓問題を動画で語りたいですが、規制に阻まれました。

呉　そうだったんですね。デマに対する対策は考えないといけませんが、ＷＷＵＫさんのテーマは政治や日韓関係に関するものだから、残念です。韓国では、キリスト教系新興宗教教団「新天地イエス教会」*が、大邱《テグ》市で集団礼拝や葬儀を行い、感染が急拡大しました。日本の対応を対岸の火事のように眺めている場合ではなくなった。政府は最初に関係教徒全員を検査入院させましたけど、あっという間に大邱周辺で受け入れ側の医療態勢を超える患者が出てしまったのです。本当に重症の人を収容できず、自宅隔離中に亡くなってしまうという事態も起きました。初期対応の失敗です。「対日優位」を自慢するどころではなくなった。そ

新天地イエス教会
正式名称は「新天地イエス教証しの幕屋聖殿」。李萬熙（イ・マンヒ）教祖によって1984年に創設された。カルト宗教として非難されることの多い同会は、ウェブサイト上で自らを「世界唯一の神の王国であり聖殿」と説明。ソウル五輪で使用されたスタジアムで行う北朝鮮式の大規模パフォーマンスに数千人規模の信者を動員できるほど、広大なネットワークを持っている。

れでも政府は、原因をこの教団にうまく押しつけることに成功しました。そうこうしているうちに結局ウイルスは世界中に広がり、責任の所在はうやむやになりました。

WWUK　コロナウイルスの問題はまだ終わっていませんから確定的なことは言えませんが、韓国側の論調はそもそもおかしいんです。クルーズ船は日本籍でもないし、主催も日本の会社ではない。日本は入港拒否してもよかったのに、善意でわざわざ未知の事態を受け入れ、対処した。結局、韓国特有の「日本下げマインド」に利用された。

呉　先ほどの意識と同じように、「日本より上」と言えるような驕慢ぶりのタイミングが来ると、あっという間に日本タタキに熱狂します。韓国は2015年にMERS（中東呼吸器症候群）ウイルスが拡散した経験からウイルス検査態勢を拡充していて、今回それを使ってたくさん検査したと宣伝しているけど、これも本当に適切だったかどうかは、あとからしっかり議論しないとわかりません。なのに、早くも自慢の材料にして「世界中から称賛されている」と宣伝している。自画自賛ですね。

WWUK　選挙を控えていましたしね。それも、どんどん感染者が広がって国内の雰囲気が暗くなったから、必死に都合のいい話を強調したという面が強かったのではないでしょうか。韓国人へのビザなし渡航の停止などの入国制限措置を日本政府から先にかけられて、韓国政府は怒りを爆発させました。

呉　「対抗措置」を取ると感情的に対応していて、何を考えているのかわかりません。日本政府はウイルスに対処するための話をしているのに、勝手に曲解して政治的問題だと決めつけてかかる。「火病」パターンの典型です。

WWUK　ただ、韓国の一般の人々は、むしろ原因の中国に対して入国制限措置をかけない韓国政府を批判する声のほうが強かった。日本には強気に出るのに、中国には気をつかう。それどころか日本以外に対抗措置を取らないなんて、それこそ政治的でおかしい。日韓の国民性の違いが浮き彫りとなった出来事でした。その後、世界中で渡航制限されるようになり、これもまたうやむやになってしまいました。

呉　あくまで防疫問題として日本が先に手を打ったのはよかったです。

WWUK　はい。また、韓国は新型コロナウイルス騒動で何度も国民に嘘をついている点も忘れてはならないと思います。例えば、政府はマスク３００万枚を中国に送ったと発表したのですが、実際に送ったのは１５０万枚であり、さらにそのマスクは中国の同胞たちが用意して集めたものだったということが判明したり、あるときはアラブ首長国連邦に対して「診断キット」を初めて輸出したと誇らしげに発表したのですが、マスコミの指摘で嘘が発覚し、輸出したのは「採取キット」、つまり、検体を採取したり輸送するための「輸送容器」であることがわかりました。これらの嘘に国民は呆れ果てており、政府への信頼は失墜しつつある状況です。

「反日」と「日本好き」の二面性

WWUK　こうして見ていくと、韓国人には、一口に「反日」という言葉で片付けられない感覚があることがおわかりでしょう。普段は潜在意識の奥深くに隠れているが、突如その姿を現す。日本に対して優越感を誇ったり、歪んだ自尊心に酔ったりしながらも、ときどき「日本は素晴らしい」と褒めたりする。日本人からすれば面倒くさいし、深く付き合いたくない「二重人格者」です。

呉　そうですね。ただ、日本人はあまりに勉強不足だと思いませんか？　典型的なイメージだけですべて片付けようとしていて、韓国人の気質を知らなさすぎる。だから、「ホワイト国除外の件*」のときはあっさりと韓国に政治利用された。

ＷＷＵＫ　まあ勉強不足と言いましても、日本人は韓国人より比較的、自分で調べる人が多いと思います。僕の「ＷＷＵＫ ＴＶ」チャンネルでのコメントを見ても、僕の動画を見て、日韓歴史についていろいろ調べるようになったという声が多いです。ただ、日本の10代から30代くらいまでの若い世代は、「韓国の男性は優しくて男らしい」や「韓国は情に厚い」などといったＫ－ＰＯＰや韓流ドラマなどによって現実とは異なる韓国のイメージが定着している。そういう意味での「勉強不足」はあるかもしれませんね。しかしこれも、勉強不足とは一概に言えないのが、日本人は政治とエンタテインメントを完全に分離して論理的に考えている人が多いからこそ、生じた現象とも言えます。その反面、韓国は基本的に何でもかんでも政治的に利用しようとする傾向にあります。でも、韓国国内で『反日種族主義』という本がベストセラーになったことによって、韓国人も日本に対するイメージが相当変わったのではないかと思います。そもそもあれだけ自称慰安婦や自称徴用工などの問題で声を上げている割には、あまりにも知識がなかったので、いい勉強になったのではないでしょうか。

「ホワイト国」除外　日本政府は、大量破壊兵器などの拡散を防ぐための輸出管理体制が整っている国として、アメリカ、イギリス、フランスなど27カ国を「ホワイト国」と認定。輸出手続きの簡略化などの優遇措置を与えている。韓国は２００４年に認定され、アジアでは唯一の「ホワイト国」だった。しかし２０１９年８月に日本政府は、韓国の輸出管理制度や運用に不十分な点があることから、韓国を「ホワイト国」から除外することを発表。韓国政府も対抗して日本を「ホワイト国」から外すことを決定した。

呉　その通りですよ。韓国人だって、日本社会について評価しているじゃないですか。旅行に行けば日本人は親切だとか、東日本大震災の秩序ある振る舞いに感動したとか。そういう良き部分を学ぶべきだって昔から言われているのに、うわべの日本を見て自分勝手に判断し、日本人の国民性を深く見つめようとしない。急に日本人が親切になったり、秩序を重んじたりしはじめたわけではないんですから。

WWUK　少し考えれば矛盾に気づくはずですけどね。常識になってアタマにこびりつくとなかなか拭えないんでしょう。

呉　日本統治時代の真実もわかっていません。戦後日本にもらえるはずのない賠償金に相当するお金をもらって、条約や請求権協定でしっかり取り決めて、それで地下鉄や高速道路や、製鉄所をつくったわけでしょう。お金だけではなく、技術もたくさんもらったんです。感謝の心があれば、日本人の親切が過去の歴史の中に現れていることに気づきます。事実を学べば、あんな「反日」感情なんて起きないし、徴用工の問題だっておかしいとわかるはずです。そういう、韓国人の皮膚に染みついている感覚が直るきっかけになればいいんですけれど。

WWUK　僕もそういう話を強調していますが、残念ながら「ＮＯ ＪＡＰＡＮ」

運動の出だしはパワーありましたね。

呉 私は「NO JAPAN」が始まって3カ月くらい経ったあと、対馬に行きました。それまで対馬には、1日1000人、多いときは3000人くらい来ていたそうです。ところが急に観光客も船便も減った。私が行ったときでは9割減でした。

WWUK そこだけ取り上げれば、確かに「幽霊地帯」ですね。

呉 それでも対馬に来ている人を捕まえて話を聞いたんです。ほとんどはWWUKさんのような若い世代で、20代や30代でした。コンビニでお昼のカップラーメンを食べていて。これだけ反日感情が激しくなっている時期にどうして対馬に来ようと思ったのか質問したら、「私は反日ではないですよ」とか、「日本が好きだから来ました」という話です。反日デモとか気になりませんかと聞いたら、「別に気にしない。対馬は近いし、安いし、日本のものが食べられるし」という話。大好きなとんかつと寿司を食べると言っていました。韓国では生卵の上にかける醤油が人気なので、なぜかと聞いたら、和風のだしが入っているからだそうです。こんにゃくゼリーを爆買いするそうです。韓国で大人気で、ネットで売れるからと。

ＷＷＵＫ　ごく普通の韓国人の姿ですね。

呉　反日感情を燃やしている側は、普段は同じようなことをして、日本製品の爆買いもしているのに、歴史問題や政治問題が起きると、急に人が変わって若い人たちの「親日感覚を止めなければいけない」と考えます。本当に二重人格ですね。

ＷＷＵＫ　何かあったときの「ウリ」感覚がすごい。この感覚をうまく伝えたいが、特殊な感覚すぎて日本人には簡単に伝わらない。

呉　それを政治家は利用する。右派も左派も。

ＷＷＵＫ　だから毎回最後は反日政策に傾く。

なぜ北朝鮮に仲間意識を持つのか

呉　いまＷＷＵＫさんが「ウリ」の話を言われましたが、第1章でも見てきた通り、日本と韓国の感覚のギャップ。特に人間関係の捉え方の違いが、私は深刻な問題を引き起こしていると思います。お互い信じ合わないというか。

ＷＷＵＫ　あまりに違います。その違いこそが反日の源泉というか、いつまでも変な常識を信じて疑わない温床になっているかもしれません。

呉　結局、日本人は本音で付き合えないというのが多くの韓国人の本音です。心と心が通じ合えない。それだけならまだしも、この構図は、韓国人の心が安易に「親北朝鮮」に向く理由でもあります。彼らは仲間だと思ってしまう。

ＷＷＵＫ　そうですね。ここも、日本人の感覚では理解が難しいです。北朝鮮はわけがわからない無法国家です。核兵器を開発し、人権を無視して、ひどいことばかりしてきた国。なぜ韓国人が「南北平和」のストーリーを素朴に信じられるのか。おそらく日本人は理解できないでしょう。

呉　私たちの対談では、このテーマがとても大切です。私の留学当初の話ともつながります。一言で言えば、日本は先進国として見習うべき存在だけど、あくまで異民族だし、どこか冷たい印象がある。北朝鮮はどうしようもない独裁国家だけど、言葉は通じるし、同じ文化を共有しているから「やはり同じ民族だ」という安心感がある。心の深い部分で感覚を共有できるというか……。

ＷＷＵＫ　なんでですかね？　少なくとも僕は北朝鮮のためにお金を出すなんて絶対に受け入れられません。

呉　そうですね。これまでの南北関係を振り返ると、最初のきっかけは、いわゆる「美女軍団」*ですよ。覚えていらっしゃいます？

WWUK　その後も何度も来ていますから存在はもちろん知っていますけれど、最初はいつですか？

呉　まだ金正日《キムジョンイル》時代の2002年釜山アジア大会です。韓国は初めての左派政権、金大中《キムデジュン》が大統領です。

WWUK　太陽政策*のころですね。

呉　そう。美女軍団とは、当時の北朝鮮が韓国に選手団を送って、一緒に行進までしたんですが、その応援団として送り込まれた女性たちですよ。その様子は連日報道された。韓国人にとっては、彼女たちが初めて目にする「民間」の姿だった。もちろん本当は違いますが、とにかく美人ばかり選んでいるし、素朴な感じで、声を掛ければ笑ってくれる。追っかけのような韓国男性がたくさん現れて大きなニュースになる。

WWUK　北朝鮮のプロパガンダとしては大成功ですね。

呉　そうですよ。それまでの韓国人のイメージでは、共産主義者は恐ろしい、まったく話の通じない、違う世界に生きている人たちだった。それなのに彼らは、

美女軍団
2018年の韓国・平昌冬季五輪において、「統一旗」を手に赤のユニホームでそろえ、一糸乱れぬ歌や踊りによる応援を繰り広げた応援団。応援団員が美女ぞろいであることから、この呼び名がついた。中心メンバーは、北朝鮮では最高の音楽家養成機関とされている金星（クムソン）学院の学生。なお、「美女軍団」が最初にお目見えしたのは、02年に釜山で開かれたアジア競技大会であり、多大な関心を集め、チケット販売にも一役買った。

太陽政策
韓国初の左派政権・金大中政権は、北朝

自分たちと同じ容貌で、キムチを食べ、民族の伝統を大切にしている人たちだという具合に印象がガラッと変わった。やはり同じ民族ですから日本人に対する感情とは決定的に違うんです。

WWUK　呉先生が日本に来た当初に感じたような壁はまったくないですもんね。

呉　そうですよ。文在寅と金正恩の最初の会談（２０１８年４月）だって、同じ構図です。金正恩の口調は、日本語に翻訳すればごく当たり前の意味しか持ちませんが、韓国人の耳には、素朴な、古き良き朝鮮民族伝統のトーンが感じられるんですよ。一挙に昔の記憶がよみがえるような感覚です。それで、お互いに熱い感情を通じ合えたと考える。

WWUK　同じ感覚を日本人に対して持つことは、まず不可能でしょう。言葉も歴史も文化も違いますから。

呉　そう。私が日本で感じたような、ある種の「よそよそしさ」のようなものを、韓国人は日本との関係を考える際にどうしても思い出す。しかし北朝鮮との間にはその違和感がない。だから信じるし、簡単に諦められないんですよ、身内意識があるから。

鮮に対して圧力ではなく対話と人的交流、経済協力などを通じて共存、改革、開放へと導く政策を始めた。これをイソップ童話の「風と太陽」になぞらえてこう呼ぶ。２０００年には初の、07年には盧武鉉政権で第２回の南北首脳会談が行われたが、金正日はこの間も核開発を続け、06年には初の核実験成功に至っており、結果的に韓国側が核開発の資金を提供しただけなのではないかという批判も強い。

ＷＷＵＫ　まさに「ウリ」の感覚ですね。韓国人が日本人全体を「ウリ」と考えることはありません。

日本人のほうが特殊？

呉　私は日本が好きで日本人になったけれど、広い視野で考えれば、世界の中では韓国よりも日本のほうが特殊かもしれないんですよ。中国人の友達がいるんですが、本当に韓国人とよく似ています。距離感の詰め方とか、日本人から見れば馴れ馴れしい関係をつくりたがるところも似ています。一度友達になったら、お互いの内面の話、悩みの話、こんなことからあんなことまで、もう本当に全部共有したがるんです。日本人なら、デリケートな話や人間関係の不満話とか、絶対にベラベラ言いませんよね。以前の私は言いたいから言ってしまったので、日本人からはやめたほうがいいと止められたりしましたね（笑）。

ＷＷＵＫ　ここは、呉先生と僕では違いますね（笑）。僕は日本人スタイルのほうが断然いいですね。

呉　どちらがいいかの話ではなく、日本人は距離を置くということです。他のアジア人はだいたい韓国人と似ていて、少し親しくなったら距離をなくそうとする。最近フィリピン人とたくさん知り合いになったんですけど、韓国人よりも韓国人的というか、めちゃくちゃにオープンで、初めて会った相手でもすぐにいろいろしゃべってきます。家族事情、お父さんが他の女性のところに行ってしまった。自分が誰と浮気したとか、誰と誰が不倫して、そこに相手の奥さんが乗り込んできて大変だったとか、延々としゃべっているんですよ（笑）。

WWUK　韓国人はそこまでは語らないでしょう。

呉　そうね、でも面白いからずっと聞いてしまう。日本人は、同じアジアの中では群を抜いて自己開示のスピードが遅いのではないかと思います。

WWUK　それは同感ですね。僕は留学していたオーストラリアで、日本人以外にもいろいろな国の友達がいたんです。中国、マレーシア、タイ……本当にたくさんの国籍の友達がいたんですけれど、確かに先生の話を聞いていると、日本人のほうが特殊かもしれないですね。やっぱり仲良くなるまでのスピード感が、これはもう全然違います。

呉　やっぱりそうでしょう？

WWUK　僕の考えでは、日本人的な思考として、内面のことを他人に話すと、相手に迷惑がかかるし、困らせるのではないかという気持ちが先に来るのではないでしょうか。まず相手のことを先に考えるのが日本人。ただ、私たち韓国人も、他のアジア人も、そしてアメリカ人なども、結構個人主義なんですよ。だから、相手よりもまず自分を中心に考える。まず自己開示して、相手と仲良くしようというやり方になるのではないかと思うんです。

呉　欧米人の場合は個人主義ですね。何があっても自分1人で解決しようとする。日本人の場合は、距離を置いても完全な個人主義ではないし、言わなくてもわかる、お互い察するという文化がありますからね。一方でアジアの場合は、強烈な家族共同体ですから、心許せる相手だと感じられれば、初対面でも家族の中に組み込もうとする心理からくるものですね。だから、いま自分の状況をわかってもらいたいという。他人への親切や配慮はそこそこにして、少しだけ相手の話も聞くけれど、あとはその何倍も、自分のことを何ら隠すことなくベラベラと話します。

WWUK　自分のことをわかってほしいという感覚でしょうか。

呉　悩みや苦しみを、お互いオープンにして集団で共有すれば分散できるという考えです。

WWUK　いわば、ストレス解消みたいなものですかね。でも、最近の韓国って悩んでいる人が多いじゃないですか。OECD加盟国で自殺率トップです。他人との距離感が昔のように、うまく機能しなくなっているのかもしれません。

疑似家族関係の謎

呉　日本人以外のアジア人に共通していますが、韓国人は、結局家族単位、あるいは「家族のような」単位で動いているんです。家族主義と言えるでしょう。

WWUK　そうですね。いわゆる「ウリ＝私たち」が、一番わかりやすい最小単位の家族です。そのなかで、個人主義的な人間関係が発揮されるというのが正しい認識かもしれませんね。

呉　WWUKさんもやはり韓国人ですね（笑）。日本の場合は血縁重視ではありません。もっと大きな、非血縁的な共同体という枠がある。

WWUK　逆に言うと、韓国では、日本における非血縁的な共同体の代わりに、何でも家族関係に落とし込むところがある。友達関係でも、会社関係でもそうですし、国全体が疑似家族的になって反日意識に燃える（笑）。

呉　そうです。だから、知らない人同士がまず知り合って、ちょっと話が合うと思ったら、早く自分の「家族」の中に組み込まなければ安心できないのです。それは、家族以外は信用できないということになります。

WWUK　日本人が韓国のドラマや映画を見て不思議に思うのが、血縁関係のない知り合いなのに、「お兄さん」とか「お姉さん」と呼ぶこと。恋人同士でもそう。

呉　その代わり、日本のような地域共同体がないので、韓国の年中行事は、あくまで親族単位。旧正月や秋夕《チュソク》*に長男（宗家）のところに集まると、祖先を敬う祭《チェ》祀《サ》をします。女性がいっぱい料理をつくって、子どもは新しい洋服で綺麗に着飾る。大人の親戚から「綺麗ね！」と褒められて小遣いをもらう。韓国の子どもにとって大きな楽しみになります。また、各先祖の毎年の命日も同じく、親戚一同が集まって祭祀を行う。なので1年のうち、親戚が集まる機会は極めて多く、30回、40回にもなることは珍しくありません。あくまで家族単位で他人は入れません。その代わり、日本のような、地域主催のお祭りはあまりない。

秋夕
日本を除くと、韓国をはじめとするアジア各国は、正月を旧正月（韓国では前後の休みを合わせてソルラルと呼ぶ）で祝うことが多い。また韓国では、日本で言う「中秋の名月」にあたる時期を「秋夕」とし、状況としては日本の「旧盆」と同じように、帰郷したうえで祖先崇拝の祭祀が行われる。年2回の「民族大移動」を、合わせて「名節（ミョンジョル）」と呼ぶ。大量の料理を供えるなど祭祀の準備に追われるのは主に女性である。

WWUK　僕の母はそれでずいぶん疲れていました。韓国ドラマでよく描かれますけど、韓国では、女性が結婚先の祭祀のために、すごく働かされる。

呉　そうね。WWUKさんのお父さんは長男？

WWUK　次男です。それがまさに問題で、母は「次男の嫁」だから、長男の家でひたすら手伝わなければならない。もう本当につらいらしくて、日本に来たらその苦労から解放されると思っているくらい。

呉　そのため、ほとんど家族、親戚の集まりで1年を過ごすことになります。私は日本に来て、お祭りはたくさんやるけれど、あまり家族で集まったりしないと聞いて、少しショックだった。日本人って冷たいな、家族を大切にしないないなと思って。

WWUK　僕も最初はそう思いました。

呉　そうでしょ？　日本人に聞くと、いとこ同士なんてめったに会わないという。せいぜい子どものころまでで、社会に出たらバラバラ。その後は、結婚式とかお葬式とかで数年に一度会うかどうかだと聞きました。日本人は韓国人よりかなり血縁意識が薄い。おそらくアジア共通で理解しにくい点だと思います。韓国は何よりもまずは家族です。家族主義からは逃げられない。悪いことも家族一緒になってやりますしね。

IMF以降、危機に瀕した「韓国らしさ」

WWUK　そのいい例は、曺国《チョグク》*です。息子や娘が家族総出で、さらに友人関係、つまり疑似家族関係も全部使ってバックアップしている。

呉　そうです。だから結局、知らないうちに家族関係者の誰かが悪いことをしているかもしれない。韓国では大統領になると、あとから逮捕、収監されるとよく言われますけれど、たとえ大統領本人はとても清潔であったとしても、大統領の兄弟とか、親戚とか、昔からの友達とか、政治家でもなんでもないのに、急に強大な権力を持ち、自分も周囲もそれが当たり前だと感じてしまう。賄賂はどんどん集まる。権力を失いそうになると明るみに出て、責任を問われる。家族主義の弊害です。

WWUK　財閥の構図も同じ。みんな家族単位だし、財閥内の企業も疑似家族です。

曺国
1965年、釜山直轄市(現・釜山市広域市)生まれ。91年にソウル大学校大学院博士課程を修了、ソウル大学校助教授、ソウル大学校副教授などを経て、2009年からソウル大学校(法科大学)教授を務める。また、大学講職の傍らで行政府、司法府が設けた各種諮問委員会の委員を務め、国家人権委員会人権委員なども務めた。19年8月、文在寅大統領から法務部次期長官候補に指名され、9月に任命された。しかし疑惑が次々に浮上してデモが頻発したため、10月に辞任。

呉　そういう疑似関係は色濃く残っていますが、それでも昔ほどではないと思います。転換点は1997年のIMF危機。

WWUK　アジア通貨危機の余波で急速に韓国から外国資本が引き揚げられて、韓国のウォンが売られた出来事ですね。

呉　その処理のために、IMF（国際通貨基金）から融資を受け、韓国は事実上主権を奪われるような格好になって、財政再建と財閥企業の整理を始めた。

WWUK　弱体化した財閥は整理、合併されて、残った財閥は巨大化しました。サムスンやLG、SK、現代自動車、ロッテなどが生き残った。

呉　その過程で、いろいろな変化が同時に起きたんです。当時の金大中大統領は、産業改革を唱えた。ひとつは情報化。これからはIT時代になる。それに乗っていくことでしか韓国に未来はない、と考えたのです。同時に国際化。英語力の大切さを呼びかけました。一気に「英語力とITこそがエリートへの道」となり、英語とコンピュータ熱が巻き起こりました。韓国はどうしても内需が小さいので、外国相手の貿易に頼っています。

子どものころから英語圏への留学が大ブームとなり、パソコンができない年寄りに対する差別意識が強まりました。同時に、個人主義に変わっていきましたね。家族主義韓国社会からいきなり、慣れない個人主義へ変化していく過程で、その副作用は大変大きいものでした。ついていけない若者たちの精神異常、寂しさに耐えられない年寄りの自殺。

WWUK　財閥の巨大化と同時に、そこで働く人の効率化と国際化も急進展しました。

呉　そうです。個人に起きたことは、結局日本で言うリストラ、韓国では「名誉退職」と言います。就職するためには英語力。リストラされないようにバリバリ英語を勉強して、社内のライバルに勝つ。隣の席の人を出し抜くことを良しとする社会になった。欧米流の個人主義化が過激なばかりに進んでいったんですね。

WWUK　先ほどの家族主義とは正反対の関係性ですよね。

呉　そうです。韓国社会の中心を占める企業には、家族主義や疑似家族主義が成立していたが、それは崩壊した。こうなると、道徳も倫理も怪しくなってくる。私はこの問題が、いまの韓国に引き続き大きな影響を与えていると思います。

WWUK　確かに、財閥企業は大変な競争社会ですね。

呉　それ以上に、韓国的な価値観、韓国的な倫理観の消失ですよ。仕方なく慣れない個人主義に合わせるけれど、人はそう簡単に変われない。それでも変わらなければ、あっという間にリストラされる。それまで疑似家族だと思っていた会社から追い出される。それが嫌なら、それまで疑似家族だと思っていた同僚を出し抜かなければならない。個人主義に適応したエリートだけが、高い報酬を手にして豊かな生活を送る。

WWUK そう考えると、自殺率が高いのも納得できます。

呉 かつての儒教的な家族主義価値観、倫理観の崩壊は、お年寄りへのしわ寄せとなったのです。韓国は高齢者の貧困率が50%に迫っていて、日本の倍ですよ。これもOECD加盟国でワーストクラス。たった20年ですっかり社会も常識も変わった。この副作用は大きい。

金王朝に抱く「ノスタルジー」

WWUK 結局、そのときに失ったものを懐かしむ気持ちがあるから、北朝鮮を「ウリ」として強く認識する。

呉 そう、北朝鮮に抵抗感がない。北朝鮮が核やミサイル開発でやりすぎていることは、みんなわかっている。しかしその感覚は、「身内のミス」と考えれば当たり前のように受け入れられる。だから金正恩に対しては、独裁者と思うと同時に、やはりおじいさんの金日成《キムイルソン》によく似ているなあ、とか、妹の金与正《キムヨジョン》はお兄ちゃんを支えてえらいなあ、と同情する。失った家族関係の尊さに対するコンプレックスがあるから、そのまま受け入れる。

WWUK そうです。日本人から見れば、北朝鮮なんて理解不能の危険な体制じゃないですか。共産主義と言いながら世襲で、血縁関係で権力基盤を固めているおかしな国だと映ります。でも韓国人によっては、その家族関係が根っこにあるからこそ、あの変な体制に懐かしさや、文化的共通点を見いだす。

呉 それに加えて、北朝鮮の人々の考え方や価値観に、韓国人がかつて持っていた古くからの情緒を懐かしい思いで感じている。金王朝があるから、北朝鮮全体としての疑似家族関係も保たれている。金正恩は、文大統領との板門店会談で平壌冷麺を持ってきた。そのときに田舎っぽい、洗練されていない口調で、遠い平壌から冷麺を持ってきた、でも実際に来てみたら近かった、なんていうことを言うわけです。ここに韓国人は、日本人に対しては絶対に感じないノスタルジーを覚えるんですよ。

ＷＷＵＫ　韓国が失ってしまった何か大切な感覚ですね。

呉　ほんと、そんな感じです。こんな話も聞きました。北朝鮮は平壌の街並みだけを特別立派に見せていて、その他の地方は貧しいわけですけれど、ある慈善活動をしている牧師が中国側から潜入して、みすぼらしい自由市場の様子を撮影してＹｏｕＴｕｂｅで流していました。私の感覚からすれば、朝鮮戦争後の１９６０年代の地方にある市場の貧しい風景でした。それを見た韓国人がたくさんコメントを残していましたが、その多くは、そこにはノスタルジーが感じられるということです。わずかな売り物を乗せた屋台が並び、その脇で人々がしゃがみ、何かを手で食べている。その古き、哀《かな》しき懐かしさに哀憫《あいびん》の情を感じているのです。コメントを書く人の年齢は60代以上の人たちだと思いました。

ＷＷＵＫ　当時は南北の経済格差でも、まだ北朝鮮が有利だった時代ですよね。

呉　そうです。もっともこれは、日本の戦後の闇市と、少し似た感覚。でも、日本人で北朝鮮の市場の様子を見て、闇市時代を懐かしむ人はもうほとんどいません。

ＷＷＵＫ　そうでしょうね。僕も北朝鮮のそういった映像を見て、自分の体験に重ねることはできません。まして、同じ仲間と思えない。ああいうふうにはなりたくないとしか考えられません。

呉　さすがに私たちも、北朝鮮のようになりたい、あの国に入国したいとは思いません。ただ、何というか……涙が出そうになるというか、助けてあげたい、何とかしてあげたいという気持ちになってしまう。映像の中にいる子どもが昔の自分とダブってしまう。60年代、70年代は、まだ子どものホームレスや路上生活者が街にたくさんいましたからね。さすがにＷＷＵＫさんの世代まで来ると遠い時代の話ですが、40代であれば、この感覚はある程度共有できるみたい。彼らはいま韓国社会の中核。そう考えると親北朝鮮的政策はそれほど抵抗感がないのかもしれません。

ＷＷＵＫ　なるほど……どこでバランスを取ればいいのか。変な言い方になりますが、そんなに貧乏がかわいそうなら、僕なら早く金王朝を打倒したほうがいいと考えます。日本人も同じでしょう。金正恩が間違っているから、北の人たちは不幸なのだと自然に思います。

呉　そこはとても複雑な気持ちです。もちろん、金正恩が独裁者だということはみんなわかっている。わかっていながら、北朝鮮の映像を見て、理屈ではないやるせなさ、自分の過去の情景を想起する。韓国人が親北朝鮮に傾いている要因には、これが大きいと思います。さらにその背景には、韓国社会が一度「崩壊」したことで失った社会、倫理、道徳を、北朝鮮に見いだしているからではないでしょうか。

昔は「愛国＝反共」、現在は「愛国＝反日」

ＷＷＵＫ　どうしても、僕にはイメージが湧かない。さすがに世代の溝かもしれません。

呉　そうでしょう。これだけ韓国は経済的に豊かになっている。だけれど、そこに本当の幸せはあるのかっていう思い。

ＷＷＵＫ　財閥批判と北朝鮮への親近感が裏表になっている。

呉　そうです。ある人だけが富を手に入れて、残りは搾取されている。それに比べて昔はみんな貧しかったけれど、みんな同じだったから幸せだったという感覚。

ＷＷＵＫ　結局、北朝鮮も金正恩一族が搾取していると僕は感じてしまいます……。

呉　確かにその通り。ただ、昔の韓国の映像を見ると、そこには力強い成長がある。人々が生き生きとしているし、活気にあふれている。年々目に見えるように街が発展し、希望がある。いまの韓国人はどうなのか。将来に希望がなく、幸福になるという感覚がない。親北朝鮮に引き寄せられていく。だから現実的じゃないけれど、幻想が膨らんでいる。

WWUK　そう、まさに「ウリナラ・ファンタジー」ですよ。

呉　金王朝の権力、権威、血縁王族がとんでもないことは、韓国人はわかっていながらも、自分たちの国がいくら資本主義的に発展しようと、幸せになれないというコンプレックスを持ってしまった。これは、誰が大統領になったところで、正直どうしようもない。かえって、文在寅政権のような、「ウリ」の北朝鮮と韓国の経済力を合わせればバラ色の国が生まれるんだという「平和経済*」に、根拠もなく夢を見てしまう。現実的には、そんな夢は実現できないんですけど。

WWUK　日本に勝てる、2050年には1人当たりGDPが7万ドルを超える、なんて声高に演説していましたね。

呉　そういう南北協和の克日ファンタジーこそが、いまや愛国になった感があり

平和経済
文在寅政権が、北朝鮮との「平和」の後に訪れるとしている経済効果を指す言葉。南北統一が実現すれば人口約7500万人の国となるが、文在寅大統領は、例えば2019年8月15日の光復節(日本の終戦記念日)での演説で、「統一で世界経済6位圏の国となり、国民所得7〜8万ドル時代が開かれる」などと語り、あまりに根拠希薄、非現実的という批判を浴びている。また、北朝鮮側も「平和経済」を肯定的に評価している様子は見られない。

ます。と同時に、南北統一の対極としての反日こそが愛国です。私の時代は「愛国＝反共・反北朝鮮」だった。当時も反日感情はありましたが、まだ朝鮮戦争の記憶と悲劇が人々の間に濃く残っていましたから、北に負けないため、北よりも豊かな国になるために反日を抑えて日本と組むことは合理化できたわけです。特に軍事面ではそれが明確で、軍人出身で、しかも日本の教育を受けて軍人になった朴正熙や、彼のグループはよく理解していた。だからこそ、まずは日本と協力することを優先したのです。

WWUK 朴正熙自身はいまでも保守派の尊敬を集めています。国をもっとも発展させたという点で評価されているのですが、その目的のために日本と協力したのであって、左派が批判するような「親日」ではありません。このあたりも日本人にはわかりにくい。

呉 韓国は急速に発展して、北朝鮮とは比較にならないほど豊かになった。韓国人はいまさら北が攻めてくるという感覚を持てない。朝鮮戦争の記憶もはるか昔のことになりました。つまり、あまり反共、反北朝鮮を意識する必要がなくなった。だからこそ、後回しにされてきた反日が浮上して、反日が愛国の象徴になった。

ＷＷＵＫ　左派はその状況を利用している。だから北朝鮮と中国に対する嫌悪感を、うまく日本側にそらしている。反日を強め、日本に対抗することに興味を向けさせている。

日本依存を知らなかった韓国人

呉　こんな意識の変遷を、ある年代から上の韓国人は持っています。でも、ＷＷＵＫさんたちのような若い世代には、あまり気にならない話なのではないかと。

ＷＷＵＫ　そうですね。40代以上の大人たちは先生のおっしゃった感覚を持っているのではないかという感じですかね。でも30代以下になると、いろいろな意味で日本に対する感覚が違う。もう少し現実的で冷静な視点も持っています。

呉　豊かになったあとで生まれた分、日本に対するコンプレックスはない。

ＷＷＵＫ　そうです。コンプレックスがないから、韓国は日本に勝てないという事実を冷静に認識できる。

呉　ああ、なるほど。

ＷＷＵＫ　上の世代の人々は、心の中でそう思っていても、表には出さないし、出せない。相手が日本であれば何でも勝たなければならない、経済で追い越す、技術力で追い越す、野球もサッカーも負けられない、じゃんけんでも負けちゃいけない、みたいな感覚（笑）。

呉　そうそう。あるある。事実を素直に認めたくない意識。

ＷＷＵＫ　だから、２０１９年の輸出管理強化の問題には強く反応した。ただ、若い世代はそういう意識がもともと乏しいので、国の規模も、人口も、歴史も文化も違う日本に韓国が勝てるわけがないし、別に勝つ必要なんてないと思っている。そういった意識自体に関心がない。

呉　意地っ張りなライバル心がないってことね。

ＷＷＵＫ　はい。ですから、半導体やディスプレイなどの一部材料を日本に強く依存していて、韓国の技術ではそれがまだつくれないという現実を突きつけられたり、自分たちが日々使っているモノや食品にいかに日本企業が入り込んでいたかを再認識したりしても、別に逆上することもないんです。大統領が先頭に立って、日本に負けない、日本につくれるなら私たちにもつくれる、などと発言していましたが、韓国の国民のほとんどの方々がそのような話は信じていません。ただ声を上げている人がうるさいのでお付き合いしているだけでしょう。

呉　反日、という考え方の存在自体が弱くなっていますね。

WWUK　そうです。だから、40代よりも上の世代が、また日本に侵略されるとか、この貿易戦争は豊臣秀吉の侵略や朝鮮統治と同じと叫んでも、よほどの左派でないかぎりピンとこないでしょうね。

呉　こういう、韓国社会の本音や、世代間ギャップについて、日本ではあまり正確に伝えられていませんね。

WWUK　普通の日本人は特に興味ないでしょうしね。

第3章

西欧的価値観《ブルーチーム・ルール》とは異質な〝民主〟国家

過剰な「恨《ハン》」と「民族優越主義」

韓国人を縛り付ける「恨」とは？

呉　日本に対する韓国人の意識を決定づけているものは、いわゆる「恨《ハン》」の文化だと思います。この意識は、日本人には簡単に理解できません。あまり存在しない感情ですからね。ところが問題を難しくしているのは、韓国人もなんで自分たちがいまだに「恨」に縛られているのか、その構造がわからなくなっているからだと思うんです。

WWUK　僕もそう思います。とても重要な指摘だと感じます。

呉　今回、この本で私たち「親日韓国人」が「恨」の話をすることって、すごく大切だと思う。私たちだからこそ深掘りできると思います。

WWUK　そうですね。ただ、僕にはあまり「恨」の感覚が染みついていないので、まずは先生のお話をお聞きしたいと思います。

呉　最初はわかりやすい話からしましょう。第1章で整形の話をしました。韓国の若い女性はなぜ整形を当たり前だと考えるのか。あれって、「満開の花こそが一番美しい」という発想です。女性なら10代、20代こそが一番美しくて、理想です。

WWUK　それは僕でもわかりますが、どう「恨」とつながるんですか?

呉　永遠にそこで咲き誇り続けていたいのに、残念ながら、年を追うごとにやはりつらいことがだんだん出てくるわけです。人間はしおれてシワが出て、年老いていく。花がしおれて枯れていくのが悲しいという感情と同じで、できるなら時間の流れを止めたい。ではどうしたらいいのか?

WWUK　わかりやすいたとえですね。

呉　ここで、儒教の発想がからんでくる。儒教では、一生懸命勉強して人間的、道徳的に自分を高めていけば、聖人君子になれる。完璧な完成を見れば、もはや朽ちることのない存在になっていくという考えです。そこには順番というか序列があって、学歴が高い人であればあるほど、理想に近づく。一方で、序列が下に行くほど教養が足りない人になって、苦が多い人生を歩む。だから、苦を少しでも少なくするには、一生懸命に勉強して、人間的、道徳的に自分を高めていくことを目指すのです。ところが意に反して、実際には誰にも苦労はやってくるし、花としてはずっと満開でいたいのに、しおれてしまう。これは逃れられない現実ですよ。

WWUK　美の衰えを抑えるために整形するのか！

呉　できる人はそれでいいでしょうけど、整形だって結構なお金がかかりますね？　誰でもできるわけではない。理想の自分ではいられないことを受け入れないといけない。そのとき、誰かの責任にすれば、自己正当化できるんです。

WWUK　確かに、人のせいにする韓国人は比較的多い。

呉　もっと個人的な話で言えば、韓国人は「私は一生懸命に生きてきた！」とよく言います。自分を嘆くとき、自分が苦しいと感じるときに、「私はこんなに正しい生き方をしたのに、なんで私にこんな苦しいことがあるの！」と嘆く。私は一生懸命で、いいことしか行っていないんだから、悪いことがあっていいはずがない。にもかかわらず悪いことが起きたのは、「私ではない誰かのせいだ」という論理を展開し、そのことで自分に起きた良くない出来事を正当化するんです。

WWUK　すごくわかりやすい。なんでも他責にして、話を合理化します。

呉　だから韓国人は苦しいときに、他人の悪口を言いたい。「あの人のせいで」「夫のせいで」「上司のせいで」という話になる。例えば家庭の中で奥さんが苦しい目に遭っていると、「私は一生懸命に生きて、良いことを行っているのに、うちの夫が悪い」という話をよくしますね。ここには、「自分＝純粋＝善」という絶対的な前提がある。自分は他人に決して害を与えない善良な人間だから、害を受けるはずはない。害を受けるのは、相手がおかしいという論法です。ドラマにもよく出てきます。

ＷＷＵＫ　はい。いまのお話だと、家族の中の話ですよね。それがどのように反日感情とつながっていくのでしょうか。

呉　家族主義は儒教そのものです。終わりのない人間関係で、終わりがないから何か問題があると「恨」で情緒的に処理するわけです。日本人と比較するとわかりやすいでしょう。日本人には「恨」がない。何か悪いことが自分に起きても、何かが去っていっても、若い自分から美しさがなくなっても、「もう仕方ないね」と受け入れる。水に流す。さらに、消えゆく瞬間そのものを美しいと感じて評価し、楽しんだりもする。

ＷＷＵＫ　確かにそうですね。花見とか、花火とか。

呉　そう。「もののあはれ」ですよね。私は、日本人にもっとも特有な情緒は「もののあはれ」であり、韓国人のそれは「恨」だと考えています。「もののあはれ」は、「枯れ葉」とか「苔《こけ》むした石」とか「花を落とした木」とか「欠けた月」

とか「つぼみの花」とか「小さな虫の声」とか、総じて「溌剌《はつらつ》たる生命の躍動」ではなく、「いのちのはかなさ」に触れての感動として生じるところに、最大の特徴があるでしょう。言うまでもなくこれは、華やかさの感動ではなく、しめやかな感慨、しみじみとした情趣、あるいは深い悲哀の情に連なる感動です。衰えて陰りをもった生命、あるいは誕生前の未熟な生命に対して深い愛情を感じ、それを美しいと思う心は、そのまま「もののあわれ」の情緒に通じています。

それに対する韓国人の「恨」は、単なる恨《うら》みの情ではありません。「恨」は、達成したいこと、達成すべきことができない「ダメな自分」の内部に生まれる、ある種の「くやしさ」に発しています。それが具体的な対象を持たないときは、自分に対する「嘆き」として表され、具体的な対象（例えば日本）を持つとそれが恨みとして表され、相手に激しく「恨」をぶつけることになっていきます。欧米でよく言われる「弱者の反感」（ルサンチマン）とよく似ていると言えるでしょう。

では、「もののあはれ」と「恨」はどう違うでしょうか。

「もののあはれ」は、日本人ならば誰にもある、衰えゆく生命、か弱く小さな生命への感動です。そこから、自分自身をも含めて、弱きもの、小さきもの、不完全なものを肯定し、慈しみ大切にしていく考えへとつながっていきます。「恨」は「もののあはれ」とは逆に、感動は「溌剌たる生命の躍動」ばかりに集中します。したがって、自分の「弱さ、小ささ、不完全さ」を「そうであってはならない」と否定し、そのためにありのままの自分を愛することができず、自分は優れていて素晴らしく特別で偉大な存在でなければならないと思い込んでいきます。

そのように、「もののあはれ」と「恨」は正反対の心の作用を持つと言えるでしょう。

WWUK　丁寧なご説明ありがとうございます、とてもよくわかりました。確かに、花火はもちろん韓国にもあるし、他の国にもあるけど、僕や友人が韓国で花火を見るときは、単なるアトラクションです。川や遊園地で派手に打ち上がって、すごいねって言うだけ。でも日本ではだいたい夏祭りとセットになっていたり、季節感のあるイベントとセットになっていたりするじゃないですか。これって、日本人の心情や美意識とセットなんですね。

呉　日本にはいろいろな文化や伝統があります。韓国や中国だと、とにかく鮮やかに派手に花火を上げるけど、日本の花火って物語や歴史観が背景にある。華やかな瞬間があれば、どこかで少し休憩のような間や静かで切ない動きも挟んでいる。静と動、動と静のバランスをうまく取っている。花火に限らず、お茶でも歌舞伎でも生け花でも、こういう伝統や感性があってできているんです。いくら韓国がモノマネしても、伝統がないから、花火なら規模や爆音で鮮やかに演出するしかない。

WWUK とにかく規模が大きく、鮮やかさをアピールするといった感じです。韓国でも最近はいろいろお祭りを始めています。地方活性化の一環でしょうが、無理やり感があります。派手さと規模だけで押してくる感じというか。日本のお祭りに慣れると、ちょっと異色です。

呉 桜なら、1年中満開であり続けるのが韓国人の理想。だから、超一流ホテルのロビーでも平気で造花を使うし、無粋とは思わない。韓国の国花はムクゲです。とにかく咲いている時期が長い。桜のように華やかではないけれど、春から秋くらいまで散ってはまた咲く。枝は簡単に折れない。ものすごく粘り強い。だから韓国人はムクゲが好きですし、長年苦難の道を歩いてきた民族の粘り強さ、執着心の強さを象徴しているんです。この執着心の強さが韓国人の「恨」の特徴です。反対に日本人にとっては、執着心を強く持つのはみっともない。過去はいさぎよく断ち切って変わりたい。

韓国人は「恨」で歴史を歪めている

WWUK　すごく納得のいく話です。結局、韓国人は粘り強さで、自分たちは絶対的な「善」だと思い続け、歪曲された歴史をずっと学び続けてきた。下の世代も学び続け、間違った「恨」を覚え、心に刻み込んでいる。粘り強さは前向きなことならば良いことかもしれないけど、そもそも恨みを向けている歴史自体が嘘だから、どうしようもない。結局嘘に凝り固まった「恨」をずっと手放せないでいる。こう考えると、なぜ韓国人がこれほどにもずっと日本に謝罪や賠償を求め続けているのかが理解できる気がします。

呉　粘り強いから、簡単には終わらない。世代をまたいで「恨」を引き継ぎ、さらに負のエネルギーが増幅されていく。

WWUK　嘘の歴史の代表格が、「植民地」というキーワードです。そこから現在につながっているすべての問題が浮上してくる。「自称徴用工」や「自称慰安婦」問題に加え、コメが搾取されたとか、デタラメな主張がなされています。しかし、インフラに投資をしてくれたこと、農業生産が増えて豊かになったことなど、日本が韓国に施した数々の善行の事実はまったく知らないし、知らされていない。ただ、自分たちは何も悪くないのに「わが国は植民地支配された」と信じ込んでいます。その時期を生きていない人たちが、日本に支配されて虐待されて、残虐な行為をされたと疑いもなく信じている。何の根拠もない虚偽にもかかわらず、自分勝手に粘り強さを発揮して、反日につなげているんですよね。その粘り強さを事実のリサーチに傾けてくれればいいのに、ファクトの必要性にも気づいていません。歴史の事実を正しく学ぶことの大切さを理解するのは難しいでしょうね。

呉　そこにも韓国特有の家族主義がからんでくるから厄介です。さらに、根深い問題を引き起こす。

WWUK　たとえ、現在の自分の生活には直接の関係がなくても、自分のおじいさんやおばあさんが日本からひどいことをされたと勝手に思い込んでしまう。しかもここでの「ウリ」は韓国全体なので、血縁関係がなくても関係ありません。ここにはまさに家族主義が発揮されています。そこに深い情が生まれ、自分の体験ではないのに「恨」を感じてしまう。だから、ずっと日本を批判し続けている。日本はすでにたくさんの経済協力や恩恵を施してくれているのに、その善意は伝わっていません。善行を施しても非難され続けるなんて、理不尽すぎます。普通の日本人にも、こうした事実にもっと気づいてほしいですね。

呉　だから、終わりがないですよ。ずっと「恨」エネルギーは生存し続ける。世代を超えるたびに、拡大再生産されていくと言っていいでしょう。

WWUK　また、韓国政府の要人やメディアは、いまだに「日本は心から謝罪していない」と言います。悪いことをしていないのだから、日本としては謝罪できないじゃないですか。日本政府は、経済協力や技術支援までしてくれたし、「植民地*」支配をしていないから、「日韓併合」という言葉を使っています。ところが韓国は嘘の歴史を信じ、勝手に怒っている。その怒りを「恨」につなげ、さらに強めるために変な絵を書いたり、蠟人形をつくって悲惨な場面を展示してみせたりする。それは「恨」のためにやっているので、歴史資料や事実などの根拠に基づいていません。感情的にアピールするためだけに資料を用意しているので、別に正確性を求めない。そうした韓国側の裏事情を何も知らない日本人が、展示物を見てショックを受けたりしている。修学旅行の中高生が見たら、一生心に深い傷が残るのではないでしょうか。嘘に対する「恨」を説明し、それを拡大再生

植民地
「植民地」支配とは、主に宗主国の経済を潤わせるために行われており、現地の民を労働力にして大規模な農場や炭鉱を経営し、植民地の民と宗主国の民を明確に区別した。それに対して日本が行った「併合」とは、朝鮮を日本の延長と見なし、日本で行われている統治に近い統治がなされた。日本と他の国で決定的に違うのは、学校教育を行ったかどうかで、日本は韓国併合後、一般の朝鮮人も原則として学校教育を受けることを義務化した。

産するためにつくった虚偽の展示物ですから、許されないことです。そもそも、始まりからしておかしいのです。そこに何も疑問を抱かないところが理解できません。悲しい現実ですね。

「恨」がある以上、反日は続く

呉　そうした事実を聞き入れず、日本人は謝らないとか、日本が心から謝りさえすればこの歴史問題は終わるとか言うでしょう。

WWUK　日本はまったく謝る必要なんてありません。なぜ日本の政治家が謝罪してしまったのか、残念ですね。

呉　日本は違法なことをしていないから謝れない。それで「遺憾だった」と言いますよね。でも、こういう話は韓国人には通じない。ひとつは、漢字が最近韓国で使われていないということ。韓国語で「遺憾《ユガム》」というのは漢字語で、漢字語にはものすごく冷静で、情緒が入ってないと受け取られてしまう。ここで韓国人たちが求めている謝罪は、韓国固有の言葉の「純《スン》＝ウリマル」（純粋な我々の言葉）

のように、感情をストレートに表現する謝り方です。
WWUK　しかも、言い続けないといけない。
呉　次に言葉の内容ではなく「言い方」も指摘してくる。なんで立ったまま謝っているのか、土下座しろという話になる。それでもまだまだ終わらない。次は「誰」が言うかが問題になってくる。総理大臣、天皇陛下にも平気でそういう謝罪の態度を要求する。ほとんど難癖に近いです。万が一それが実現したとしたって、韓国人は納得しませんよ。今度は毎年韓国まで来て謝れ、と言うに違いありません。なぜかというと、「恨」の文化には終わりがありません。いつまでも嘆き、いつまでも恨み続けることが大切で、謝罪を受け入れたらそこで終わってしまう。そして日本に謝罪させている以上、自分たちが常に日本よりも上のポジションにいると感じ続けることができます。都合のいいシステムですね。
WWUK　反対に謝罪した人は、一生罪の看板を背負って生きていくことになるわけですよね。だから謝罪が持つ意味やリスクを知る必要があります。安易に罪を意識することはないし、絶対に謝ってはいけません。
呉　いくらお金を払えばいいのかとか、どんな言葉づかいで、どういう姿勢で謝罪すればいいのかという基準なんて、もともとないわけですよ。そもそも、日本人が土下座して、感情的に涙を流しながら純粋な韓国語で、毎年毎年申し訳なかったなんて謝罪ができるわけがないでしょう。どこまで日本に負担を強いるつもりでしょうか。謝罪する必要もないのに、謝罪のやり方まで主張してくる。

儒教的価値観では「神道＝未開人・武士＝野蛮人」

WWUK　結局は韓国側が「恨」を断ち切るしか解決方法はない、ということになります。でもそんなことはできないから、あるところまで行ったらまた元に戻るだけ。反日教育は間違った「恨」を再生産し続けているし、政治もその反日を都合のいいタイミングで利用している。本音を言えば、韓国は日本のことなどどうでもいい。ただ、日本を利用するメリットを知っているのです。反日を使って、アメリカから離れて北朝鮮と手を結び、中国側の「レッドチーム」に入りたいというだけです。要するに、韓国側は謝罪しろと言いながらも、もう謝罪を受け入れるつもりはないし、受け入れる方法すらわからないんです。

呉　だから韓国人は、「日本人が生まれながらの野蛮で未開人で、教養とは無縁のどうしようもない軍国主義の人間だ」と決めつけているのです。

WWUK　そうですね。ずっと変わりませんよ。

呉　その認識が変わらないかぎり、また同じ話に先祖返りしていくんですよ。反日は終わりません。私は、教育の内容以前に、韓国人がそんな心理状態であるから反日教育をずっと続けていると思います。ただこれには、もっと複雑な背景があります。朝鮮半島には、はるか昔から「日本人をどうしようもない未開人」と見下す感覚がありました。近代化以前の朝鮮王朝時代から日本に対する〝侮日〟感覚を持ち続けていたのです。

WWUK　そこで、豊臣秀吉の話を持ち出してきます。

呉　もっと前からです。最初に日本への侮蔑感がある。古い時代の話を持ち出して、わが国には漢字があって、仏教があって、光り輝く文化を持っていたときに、日本列島は文明とは無縁で、何もない未開地だったと教える。

WWUK　日本に対してだけでなく、韓国人は本当によく「未開」という言葉を使いますよね。ネットなんかでもしょっちゅう見かけます。ボキャブラリーが少ないのか、他人をバカにするときに使っています。

呉　よく使います。未開人、野蛮人、野蛮的な未開人。

WWUK　人をけなすときに「おまえは未開だろ?」と悪口を浴びせる。日本人には「未開な猿ども」とよく誹謗中傷します。

呉　その根底にあるのは、「もともと日本には文字がなかった」という意識がありますね。特に韓国人の儒教的な価値観からすると、日本の神道のような宗教観にはついていけないのでしょう。太陽を拝んだり、水を拝んだり、木を拝んだりして、自然を尊ぶ宗教は未開人的だと考えます。韓国では、「シャーマニズム*は人間的にレベルの低い人がすること」と捉える。

WWUK　韓国にもシャーマニズムはありますけれどね。

呉　そう。田舎のお婆さんたちとかは、山や岩の前に集まり、みんなで拝んだりしています。これはレベルの低い人たちの行為として認識される。少なくとも儒教を学び、徳の高い位置にいる人たちは絶対にそんな無粋なことはしないし、してはいけない。人間の先祖以外は拝んではいけない。その観点から日本人を見ると、「なんと自然を拝んでいるではないか!」と蔑《さげす》むのです。

WWUK　「われわれ韓国人はそんな未開な人たちに支配され、搾取され、植民地化されたのか」と考えたくない。

呉　その事実を信じたくないから、そこでまたいろいろとロジックを組み立てま

シャーマニズム
トランスと呼ばれる特殊な心的状態において、神仏や霊的存在と直接的に接触・交渉し、卜占(ぼくせん)・予言・病気治療、祭儀などを行うシャーマンを中心とする宗教現象。「巫術(ふじゅつ)」、巫俗と表記されることもある。

す。文字も知らないシャーマニズムの未開人に、私たちは文字を教えてあげた、と。これもおかしな話で、文字はもともと中国から来たものなのに、そのポイントはあまり触れない。恣意的にスルーします。

WWUK　言ってはいけない（笑）。

呉　仏教も同じですよ。韓国が日本に仏教を教えてあげた。

WWUK　いわゆる、よく言われている「ウリジナル」*ですね。すべての発祥は「韓国起源」だっていう。

呉　こうして、わざわざ野蛮な島国の日本人に、韓国はいろいろ教えてあげた、と考えます。しかし日本人はその恩に報いることもなく、豊臣秀吉が韓国に野蛮に侵略してきた。だから、日本は武力優先の社会であり、サムライは野蛮人だと決めつけるわけです。世界的に日本の武士道は、高度な学問的対象になっていま す。西洋から高く評価されているのに、韓国人、中国人からしてみれば、野蛮人の象徴でしかないですね。しかも、儒教の枠組みで統治を考えるから、韓国や中国は文官による「文治政治」です。武官もいますが、あくまで文官の下にいるわけで、武官がそのまま統治するなんてありえません。儒教の枠組みでは、日本人は、自然を拝む、未開な国の、野蛮な武士と見なします。いま韓国で、安倍政権

ウリジナル
韓国において見られる、他国の文化を「実は韓国発祥のものだ」「実は韓国に、その起源がある」とする主張の通称。剣道、茶道、華道、空手なども韓国起源だと主張する。

をやたらと軍国主義だと批判しますよね。あれは、戦前の日本になぞらえて批判すると同時に、野蛮なサムライの子孫だという意味合いが込められています。日本人にはいまでも野蛮な血が流れているから軍国主義に回帰していくんだと考えたがる。

ＷＷＵＫ　あとは、日本は島国だとよく言いますよね。韓国人は陸地から来た者だと。そこに誇りを持っていて、いつも上から目線ですね。なぜか島国に対して優越感を持っています。ずっと中国に隷属していたにもかかわらず……。

呉　それが「華《か》夷《い》秩序*」と呼ばれるものです。中華思想があって、そのなかで朝鮮は日本より上ですね。

ＷＷＵＫ　だから中国には「恨」の意識は向かない。

呉　向かない。なぜかといえば、彼らは高度な知識と文化を持っている人たちだから。中国からいくらやられても、そこに「恨」はありません。

ＷＷＵＫ　いまでも新型コロナウイルスの問題ではっきり差が出ています。中華以外、日本以外に対してはどうですか？

呉　清国を支配した満州人や元国を支配したモンゴル人に対しては「恨」があっていいはずだけど、実際にはないですよね。彼らは中華圏の中で朝鮮半島に接し

華夷秩序
中国の皇帝を頂点とする階層的な国際関係。古来、中国にある「自分たちは優れた文明を持つ、世界の中心（中華）で、周囲は未開の野蛮人（夷）である」との考え方に根差す。具体的には、中国皇帝の恩恵を受けるために朝鮮など周辺の国々は貢ぎ物をし（朝貢）、代わりに皇帝が王と認める冊封という形をとった。アヘン戦争時は、朝鮮、琉球、ベトナムなどが中国と「朝貢・冊封」を結び、中国を「宗主国」と位置づけていた。

ていますからね。同じ「大陸人」だということで仲間みたいに思える。でも日本はそうではない。だから日本にだけは遠慮なく「恨」をぶつけるわけですよ。

WWUK　卑下していた日本に攻め込まれたり、「支配」されたりして、いまだに日本の国力にはかなわないわけですからね。悔しいし、受け入れられないでしょう。

呉　どれだけ韓国が成長しても、現在の日本人を超えられないことは痛感しているのですよ。製品の質の高さにしても、社会秩序や治安の良さにしても。

WWUK　そこに内心、嫉妬している韓国人は多いと思います。

呉　そのイメージと、野蛮な日本人という常識はぶつかる。だって野蛮で劣っている未開人に負けるはずがないじゃないですか。そこで、豊臣秀吉の軍に抵抗して戦った、李舜臣《イスンシン》*がいると言って、自らを正当化します。そうすることで愛国心を盛り上げる。李舜臣率いる海戦以外の戦いでは連戦連敗だったのに、それは口に出せない。

WWUK　いまでも尊敬の対象になっています。文在寅大統領も貿易戦争を盛り上げるために、李舜臣のイメージを利用しました。

呉　どんなに日本が良くても、韓国人としてそれを言ってはいけない。特に歴史

李舜臣
1545年、漢陽（別名・漢城、現・ソウル特別市）の乾川洞（現・中区乙支路）に生まれた。李氏朝鮮の将軍の1人である。朝鮮読みは「イ・スンシン」。朝鮮水軍を率いて、日本軍と戦い朝鮮の危機を救った〝救国の英雄〟とされている。後に党争によって失脚。やがて復権し日本軍と戦うが露梁海戦で戦死。

の話については。「腕は内側に曲がる」という諺が韓国語にあります。何を表しているかというと、内側とは血です。家族。自分の家族や近い人に感情を曲げていくのは当然という意味合いです。だから、日本を考える文脈で秀吉と李舜臣が出た瞬間、韓国人の家族意識が盛り上がります。

WWUK　文在寅大統領はそこを利用したわけですね。

呉　でも、韓国人は内心、いまの日本社会にコンプレックスがある。WWUKさんの世代は少ないかもしれないけれど、それでも日本がすごいということは、韓国人みんながわかっていますよね。

WWUK　1人の人間の中に、矛盾した2つの要素がある。でも、日本が朝鮮半島に勝ってはいけない。

呉　未開で野蛮な民族ですから勝つはずがない（笑）。

WWUK　だから、日本人はいろいろしてくれた韓国をわざわざ攻撃する野蛮な未開人だということにしないとつじつまが合わなくなります。

呉　そこをうまく活用して、韓国人の国民性に合わせて教育していきます。だから、反日感情をやめることが仕組みとしてできない。むしろ、あちらこちらにどんどん反日感情のシンボルをつくっていくんです。さっきおっしゃっていた蠟人形だとか、「慰安婦」像とか。

WWUK　もう、あまりにいろんなところにありすぎて、わけがわからないです。反日博物館的な建物でいくらお金を使ったのかな。それで、まだ自分の価値観が成立していない小学生のうちから、先生に連れられて課外授業でそうした博物館や記念館に行かされるんです。

呉　西大門《ソデムン》刑務所*の歴史館でしたか、拷問の様子を再現したという蠟人形が展示されていて。壁に日本への悪口がいっぱい落書きされています。よほど感情的に強い人、冷静でいられる人でないかぎり、ネガティブな気持ちに突き動かされてしまいますよ。平常心を保てなくなります。

WWUK　まして子どもが集団で見せられます。歴史考証もしていないのに、日本人による拷問でほとんど死んでいるんじゃないかという状態の蠟人形を目の当たりにするんです。

呉　それが本当かどうかには興味がないんです。韓国人は正直、歴史に興味がないし、歴史をよく知らない。ただ日本を下に見たいだけです。

WWUK　歴史、歴史という割には、歴史の真実を知りません。

呉　歴史となると、日韓の歴史において自分たちがされてきたことだけを伝えて

西大門刑務所
1908年に「京城監獄」という名で設立された韓国初の近代的刑務所で、日本統治時代に多くの独立運動家も投獄されていた。

いる。何があったかではなく、いまの政治にどう生かすか、という視点から考えている。「歴史はこうあるべき」というロジックから逆算して教科書をつくる。未開な日本人に教えてやった、日本は野蛮だから攻めてきた、そんな日本に36年間ひどいことをされた、という3つのパターンですね。それを主張するためなら、証拠を持って論じようとしなくていい。日本の専門家、歴史学者たちなら証拠を探しますよね。でも韓国は証拠がなくていい。何を書くかのほうが大切だから。

WWUK　だから基本的に捏造が起きやすくなる。

呉　「植民地＝悪」というイメージが求められる。それに反する証拠があっても、見てはいけないということになっていく。

WWUK　結果として、いまも「日本＝侵略してくる」というおぼろげなイメージが強いんです。豊臣秀吉からも侵略され、「植民地」支配もされた。だから最近も同じ文脈を適用し、「日本に経済侵略された」と騒ぐことになる。単なる貿易管理強化の問題なのに、勝手にイメージ付けをしてしまう。そもそも豊臣秀吉の時代だって、別に朝鮮半島なんて、侵略する目的はありません。中国に兵隊を送るための通路であり、通過点でしかありません。朝鮮王朝がそれを断っただけです。その事実すら韓国人は知らないで、秀吉は朝鮮半島を侵略して土地を奪うためにいきなりやってきたと教える。秀吉の依頼を断った話は教えない。アンフェアですよ。

呉　何かあったとき、日本は全部悪意を持ってやっていると考えるわけですよ。貿易管理の問題も、新型コロナウイルスの入国管理の問題も結局は同じでしょう。だからすぐに感情的に反応する。

WWUK　そういう韓国人のおかしな考え方って、日本を褒めるときにも発揮されます。「日本はすごい」って評価すればいいのに、日本「なのに」すごい、日本「にしては」すごい、という言い方をわざわざする。いちいち一言付け加えなければ我慢できない。心が休まらない。

呉　日本を丸ごと認めると矛盾してしまうからですよね。関連して言うと、韓国人は「常に相手を褒めるような人」を蔑みますね。相手を褒めちゃうような人は、自分の価値を自分で貶《おとし》めていると捉えられる。だから、自分のほうの実力を見せつけたうえで、相手よりは上に立った位置から「褒めてあげる」のがいいんです。

WWUK　「こんなにすごいオレが、わざわざ褒めてやっているんだ」というパターンです。僕もひとつ付け加えますと、日本人が韓国人を褒めると、率直に申し上げまして、つけあがる傾向にあります。日本人は何というか、マナーのような感覚で褒めますけれど、韓国人は真に受けてしまいますので、その温度感の違いはわかっておいたほうがいいかもしれません。

「王」は聖人君子だが「天皇」は格下扱い

呉　最初に紹介しましたが、韓国人が日本人を見る常識の背景には、いろいろと長い歴史的経緯があることがわかります。

ＷＷＵＫ　同時に、その歴史的経緯のせいで、日本の本当の姿、日本に対する正しい評価ができなくなっていると感じます。

呉　東日本大震災の際に韓国では、日本のような大災害のない「韓国に生まれたことがどれだけ幸せなのか、感謝すべきだ」という言い方がよくされました。あんな自然災害ばかりの国では生きていけないと。でも日本人にとっては、縄文時代からずっと自然災害とともに生きてきて、それを防ぐために技術力を高めてきたし、同時に人間の力ではどうすることもできない出来事を受け入れる術を考えてきたのです。だから、自然を恐れるし、自然の美しさを愛するし、自然に対してありがたさを感じている。その結晶が神道じゃないですか。「自然災害は天の怒りである、だから感謝しながら祭って鎮めて、協力しながら謙虚に生きる」ということです。そういう考え方が日本人の価値観の根底に根づいています。

ＷＷＵＫ　でも、ほとんどの韓国人の価値観では、それを未開の思考だと考えます。これって、神道に加えて、天皇陛下を敬うことが未開であると主張しているようなものです。しかも、マスコミを中心に、「天皇」という言葉を使いたくなくて、わざわざ「日王」と表記している。皇帝・天皇だと、かつての朝鮮国王よりも上の序列になってしまうからです。これが韓国人としては受け入れられないのでしょう。

呉　儒教国家での王様とは、権力があって権威もある存在ですね。君臨もして統治もする。だから、王と表記したがるのは、儒教的な文脈では権力目的で使っていると思っているのです。

ＷＷＵＫ　全然違いますよね。恥ずかしい。ピントがズレまくっています。

呉　儒教的に言えば、王は聖人君子です。ものすごく勉強して、徳を積んで、力もあって、道徳的に高くなっていった人が王様です。ところが、日本の天皇は神話時代から歴史時代へと続いてきています。神代の時代からつながっているということで、日本の天皇は政治権力者というより、宗教的・文化的な権威者です。統治しているのではなくて、長く続いている伝統、歴史に対して日本人が敬意を払っているということですよね。この一貫して続いてきた歴史や伝統に敬意を払い続けるという感覚が、韓国人には絶対にわからないですね。朝鮮半島の王はあくまで政教を併せ持っている。つまり政治権力と宗教的権威を併せ持っている。だから権威だけで代々継承されていく「国主」といった存在がまったく理解できないんです。

WWUK 理解できないから、韓国はとっくに君主を放棄して未来志向的にやっているのに、「日本はいまだに古くさい天皇を守っていて、王様ごっこをしている」といった、浅薄な理解になります。「日王」と呼ぶのは、わざと格を落とした表記でもありますけど、韓国人は天皇に対する知識もないし、「王」と「天皇」の差異もわかっていません。これは日本だけではなくて、君主が存在する他国に対する侮蔑なんじゃないですか？　イギリスに対しても、やはり王室に対する無理解があり、未開な人という見方をしていると僕は感じます。

呉　それも「侮日」の一環でしょう。島国で文明化が遅れている人たちだから、神様を信じる、自然の神を信じる、非科学的な人たちであるという解釈ですね。わからない伝統は、理解できないですよ。だから簡単に天皇に対して侮辱的な言い方もするし、常に韓国の王様的な発想で物事を見ようとする。国会議長や韓国政界のトップとも言える人ですら、日本の天皇のことをよくわかっていない。だから日本人の心もまったくわからない。

WWUK　はい、まさにおっしゃる通りです。なので、文喜相国会議長が2019年2月に、「自称慰安婦」問題について「一言でいいのだ。日本を代表する首相かあるいは、私としては間もなく退位される天皇が望ましいと思う。その方は戦争犯罪の主犯の息子ではないか。そのような方が一度おばあさん（慰安婦とされる者）の手を握り、本当に申し訳なかったと一言いえば、すっかり解消されるだろう」などと、日本人としては怒りを禁じ得ない、極めて無礼な発言をしたことにつながるわけですよね。これは、言うまでもなく、天皇陛下を聖人君子としても考えていないということです。

呉　権力がないから、少なくとも「自分たちの常識の外側にいる存在」と見なすでしょう。だから未開としか認識できない。すごくわかりやすい話をしましょう。韓国人の常識で言えば、北朝鮮は王朝と考えられるのです。

WWUK 確かに、権威と権力が一緒ですからね。

呉 あれはまさしく王朝です。君臨もして統治もしているから。金正恩は理解できる王です。でも、韓国人には日本の天皇について理解することは無理でしょう。日本を専門に研究している人でも難しい。少しだけ韓国人を擁護するなら、悪気がなくても天皇に対して失礼な物言いをしてしまう可能性があります。

「歴史」がないから感情論で反論する

WWUK すべてにおいてそうです。自分たちが無知だという認識がないので、いくらでも簡単に洗脳されてしまう。

呉 先ほどの神父さんの考え方は、まさにその典型と言えます。

WWUK つまり、反日は100%悪気があってやっているのでもないということです。だから、なおさら厄介なんです。

呉 理解できないという文脈で言えば、韓国人は時代を超えて歴史的に一貫した認識をつくることができません。なぜなら、朝鮮半島はたびたび侵略されたり革命政権ができたりしましたが、そのたびに以前の歴史を全否定したり、あるいは書き換えたり抹殺したりしてきたからです。歴史が断絶してしまうから、伝統が伝わり難く、古いものが残り難くなる。それがいいか悪いかではなく、日本のように、有史以来歴史が断絶することなく一貫して残っているという感覚が理解できない。だから、日本への歴史問題には感情論で話をするしかない。

WWUK　北方から何度も侵略されていますしね。朝鮮時代だって清の属国だったわけですし。

呉　死後の世界、あの世観がなく、徹底した現世幸福追求主義の儒教的な発想が優勢な韓国では、古いものは残す習慣がありません。日本人向けにわかりやすい話をすると、形見ってありますよね？　亡くなった人の持ち物を、子孫、あるいは友人か誰かに譲るという習慣です。この発想は、韓国にありません。いくら立派な人であろうと、博物館に残せるもの以外、つまり聖人君子や王様のもの以外は、死とともにすべてが汚れと認識される。汚れた死霊、つまり悪霊が染みついていると考えるので、跡形もなく全部燃やしてしまうんです。

WWUK　そうです。そこには慈しみがありません。

呉　私は日本に来たとき、最初びっくりしました。ある女性が着物を着ていて、とてもすてきだったから、「きれいですね」と褒めたのです。するとその女性は、「これはうちのおばあさんの形見ですよ」とにこやかに笑う。形見の意味がわからなかったので詳しく聞いたら、元の持ち主であるおばあさんはすでに亡くなっていることがわかった。その瞬間、本当に、全身に鳥肌が立つような思いでした。気持ち悪かったのですね。

WWUK　僕もそのときの気持ちがわかるような気がします。話だけを聞くと、どうしても縁起が悪いのではないか、という感情が先立ってしまいます。

呉　悪霊がついていると思っているから。

WWUK　いまの僕の感覚だと、亡くなった人が着ていた服を着ていると、悲しみの感情が湧き出て、気分が落ち込んでしまうのではないかと思ってしまいます。

呉　韓国人ならその気持ちです。だから全部燃やします。なぜなら、儒教では本来人間は死んではいけない存在ですから、死なない法則を教えます。死なない人がいることになっています。わかりやすい例は金日成や金正日です。彼らは王様で、聖人君子になったから、死んでも死なないで済む。博物館に残るから、彼らは永遠に生きている。しかし、聖人君子になれない人が大半ですから、最後はみんな死という世界を味わいます。死と同時に人間は全部汚れてしまうから、その人に関するものはすべて不浄になり、燃やしてしまうんですね。だから、歴史的人物の関連物を探すのも難しいですよ。私は韓国で売国奴と呼ばれている李完用《イワンヨン》や金玉均《キムオッキュン》*について書こうと思って資料を集めようとしましたが、日本には残っていても韓国にはほとんどありません。すべて燃やされて、どこかに行ってしまっているんです。

WWUK　隠蔽の目的もありますよね、おそらくは。

呉　これはもっと一般的な話として、伝統的に、日常的に証拠がない。残さないからね。もうひとつ言えば、韓国には日本のような老舗がないです。日本では100年以上続く老舗企業や商店が10万以上もあるんです。200年以上でも、世界には約5600あると言われていますが、そのうち半数強が日本です。日本では創業以来長く続いていることが価値なので。ところが韓国ではあまり価値がないから、100年以上経った老舗がひとつもない。

WWUK　韓国で老舗というと、食堂なんかでも30年、40年くらいのところが多いですよね。日本とは比較になりません。

金玉均（1851―94）　朝鮮時代の政治家で、日本と協調して近代化を目指す「開化派」の主要人物。慶應義塾の福澤諭吉などの知識人と交わり、明治維新型の改革を目指して清との関係に固執する閔氏（びんし）政権を倒すため1884年にクーデター・甲申事変を起こす。しかし、清国軍の介入で失敗し、日本に亡命。再起を図るが上海におびき出されて暗殺される。遺体は朝鮮に送られ引き裂かれ、全国でさらされた。その後遺髪は密かに日本に持ち出され、青山霊園の外人墓地に墓が立てられた。

呉　だからこれも、韓国人には理解ができません。韓国人が日本に来て、観光で老舗を回りますよね。江戸時代から続くようなお店に行って、何百年続いていると聞かされます。しかし、韓国人の目にはまず「その割にはちっぽけな店だな」と映るんです。300年続いていると言われても、韓国人からしてみれば、「なんで300年も続いているのにもっと巨大な企業にならなかったのか?」としか考えられないんです。

WWUK　確かに……。企業は大きくしてこそ、という考え方は、韓国人の常識の中に確実にありますね。大きいもの、目立つものは価値がある。こぢんまりとしたものには満足できない。日韓の価値観の違いがココにも表れています。

呉　小さなお店で、目の届く範囲でこつこつやって、小さくて汚い店でも、50年、100年続くということの発想自体がわからない。これも、歴史の深さがわからないから外見の大きさでしか理解できないということですよね。他にも、「家元」がないから、その存在感を韓国語にうまく訳せません。韓国には族譜《チョッポ》*という家系図のようなものがあって、家族の価値を示すための血の長さにはこだわるけど、ひとつの仕事や芸能を受け継いでいくということがやはり理解できない。

族譜
中国および、その文化圏でつくられる系譜中心の同族の記録。朝鮮では李朝中期から両班社会で広まり、父系血縁に基づく「同姓同本」のうち、入郷祖や著名人物を始祖派とする門中ごとに、ほぼ1世代間隔で族譜が編纂される。すべての男性成員について名・字・号、生没年月日、官位経歴、墓所、妻の姓と本貫(戸籍)が記される。女性の場合、夫の姓名と本貫、息子の名、娘の数のみで、本人の名は記載されない。

ＷＷＵＫ　その族譜もそもそも本物かどうかも怪しいです。偽物と言われていますけどね。偽物に対しても、妙な自負心を持っている。不思議な感覚です。

呉　偽物でもつくろうという気持ちがあるのだから、そこに価値を認めてはいます。しかし、血のつながりの長さ以外は価値が理解できない。天皇についても同じ論理です。

「日本の民主主義は二流以下」と自信満々

ＷＷＵＫ　理解できないものを雑に扱うという流れで言いますと、最近の韓国は、自分たちの民主主義と日本の民主主義の間に格差を付けて、日本を見下しているじゃないですか。先生のお話も合わせて考えると、ひとつの理由として、韓国人たちは自分たちが民主主義を誇りたい意識はあっても、民主主義はどんなものので、何を目的としているのか、根本的な理由をわかっていないと感じます。自分たちは日本から支配されたが独立運動をして跳ね返した。自分たちの力で独立を成し遂げて、その後に民主化運動*をして軍事政権を変えたことで民主主義を勝ち取った。だから、達成感を抱いている。自分たちの民主主義は優れていると自負心を抱いています。歴史の事実はまったくわかっていないのに、日本の民主主義を見下している。まるで、「日本の民主主義は二流以下」と言わんばかりの態度です。

呉　現政権は、その理解を政治的に利用しています。

WWUK　僕はいつも思うのですが、そもそも韓国人は、意識的か無意識的かを含め、すべてにおいて基本的に日本のことをうらやましがっています。それは、「日本っていい国だなあ、素晴らしい国民だなあ」というよりは、うらやましい、妬ましいという、嫉妬の感覚です。だから何かと理由をつけて、それこそ地震でも原発でもいいですが、とにかく何か日本の弱点を見つけ出して、「日本はよくない、韓国のほうがいい」と思いたがります。そういう話を好んでいる。政治もそうですし、国民同士も同じですよ。韓国人が日本について評価するとき、「日本は先進国だけど、ここが韓国よりも遅れている」という前提をほぼ必ず入れてきます。または、その文脈で語ってきます。嫉妬心が吹き出てくるのです。

呉　新型コロナウイルス騒動のときに、横浜のクルーズ船内での感染の拡がりや、感染検査数が少ないことに対し、声高に非難し、見下すような感覚ですよ

民主化運動
初代李承晩政権を倒した1960年の「四月革命」は朴正煕のクーデターで収拾した。朴正煕暗殺後にクーデターで実権を握った全斗煥政権に抗議する80年の「光州事件」は武力鎮圧された。しかし経済成長と88年ソウル五輪を前に起きた87年の「六月民主抗争」は全斗煥もついに抑えきれず、憲法を改正（現在の第六共和国憲法）して大統領直接選挙が行われるようになった。現在の文在寅政権の枢要を占めているのは、87年当時学生運動の中心だった世代となる。

ね。

WWUK　その流れで、民主主義の経緯の違いを、すべて日本に対する優位性として理解したがる気持ちを持っていますよね。軍事政権から民主主義に移行した歴史の中で、大変な自信や誇りを持っている。1980年代に民主化運動をしていたときに、いろいろ大変だったじゃないですか。人が亡くなったりもして。そういう紆余曲折を経て自分たちが勝ち取った民主主義だということで、すごく誇りを持っていると感じます。そこまではいいですが、そのせいで韓国は他の国に比べて大きな何かを成し遂げたという達成感をすごく持っているんですよね。独立運動もそうだし、民主化運動もそうだし、今回の日本製品不買運動も同じですよ。何というか、それを反芻《はんすう》すると「ウリ」の意識がすごく刺激される。ふだん反日ではない人のスイッチが入ってしまう感覚と言うんでしょうか。人種として異常なほど高いプライドを持ちます。自分の心の中にある「韓国人」を刺激されるという感覚です。

呉　韓国人が安倍総理を批判したがるのは、日本の政治や社会は本来の民主主義ではないと本気で思っている者が多いからです。「日本人はかわいそうに、本当の民主主義を知らないから、安倍一派に騙されて、放射能に汚染された食べ物を食べさせられて、軍国主義に走るよう仕向けられている」と信じています。

WWUK　そうです。そう理解したがる。気持ちがいいから。

呉　韓国の民主化運動というのは、彼らが「親日派」と見なしていた軍事政権に対して抵抗して勝ち取ったことだと、現政権やその支持者たちは考えていますよね。そこで特徴的なことは、その民主化の感覚がそのまま親北朝鮮につながってしまっているところですよ。韓国の民主主義では、「親北朝鮮は民主主義だと理解している」と認めていることじゃないですか。北朝鮮こそ軍国主義でしょう。結局、韓国の左派がかつての軍事政権を「親日派」と呼んでいるのは、ただのレッテル貼りですよ。日本の民主主義を非難し、攻撃したいからそのように呼んでいるだけ。他の一般大衆に受け入れられやすいから、朴正熙を親日派だと呼ぶんですよ。

WWUK　韓国で「親日派」と言われれば、もう何の説明も必要なく、100%悪いやつ、民族を裏切った者、という意味ですからね。

呉　そうです。だから当然のごとく反民主主義的軍事政権は親日派と見なす。彼らに抵抗して勝ってきたんだと誇る。かつての独立運動も、われわれが日本に対して激しく抵抗し、わが民族の独立を勝ち取ってきたと誇る。そして今度はいよいよ、分断された北朝鮮と手を組んで、反日の最終段階を仕上げる。こんな感覚でしょうね。朴槿恵政権に関わった人は朴正煕派ですから、すべて親日派と見なしてなくしていく。これが、文在寅政権や左派にとっては、独立運動や民主化運動と同じ線上にある。悪魔のような未開な日本に抵抗する、善なるわが民族が勝ち取ったこの民主主義を、ついに北朝鮮と一緒にわれわれ朝鮮民族の力だけで実現していくんだと。

WWUK　そのためには、アメリカが邪魔ですね。特にトランプ政権のような保守政権は目障りです。

呉　もうひとつは、アメリカの資本主義に飼い慣らされた韓国、そして一部の資本家によって搾取されている韓国国民たちを救っていくことが民主主義だ、というように思っている。こうなってくると、結局は社会主義しかありえない。

WWUK　その方針が文在寅政権そのものですよね。

呉　しかも、こういう話は、韓国の良い仕事につけない多数の若い人たちに、何だか良い話として響いてしまう。かっこいい。民族としてのプライドをくすぐる。

WWUK　実態をよく知らないから、イメージだけで思い込んでしまう。あっという間に洗脳されます。大衆操作はたやすいものです。

呉　アメリカを追い出すために、中国に接近することは当然のなりゆきです。

ＷＷＵＫ　先ほども話に出ましたが、韓国人は中国に対しては「恨」を持ちません。これは本当に、うまいこと政治システムとして成立している。ただこれは、最近の若い韓国人を中心として、「恨」があるかどうかは別としても、中国を好きと考えている人は多くないと思います。ネットやＳＮＳの普及のおかげです。日本をさんざん侵略者として批判するなら、なぜ長年侵略されてきた中国には文句のひとつも言えないのか。北と組んで朝鮮戦争をしたことと、どうバランスを取るのか。そうした考え方が一定のネット層には支持を得ていますからね。新型コロナウイルスの入国制限だって、みんな自分の健康が大丈夫なのか、ウイルスに感染しないかで気がかりだったのです。それなのに、文在寅政権はいつまでも中国の顔色を見ている。日本にだけは、なんだかんだと理由をつけて即刻対抗措置を取る。その姿を見て、情けないというか、あまりに政治的な動きをしているので、冷ややかに見ています。

呉　「恨」はあくまで「どんな罪もない純なる自分を抑圧する」野蛮人に対するものです。中国人のことは野蛮人とは思っていない。高度な中華文明を持っていると畏怖の念を抱いている。中国に好きなようにやられても、「恨」をぶつけることはしない。

WWUK　さすがに韓国人の若い世代は、中国と北朝鮮を共産国家、不良国家として、多くの人が嫌っています。現政権もメディアもみんな左派なので、そういう報道をしないだけですよ。おおっぴらにならないだけで、実際に一般の韓国人は、本音で言えば、北朝鮮と中国のことは大嫌いです。これは日本だけでなく、世界からは誤解されている部分ですね。メディアの話は、あとでもう一度しっかりお話ししたいと思います。呉先生も僕も、親日として叩かれてきた被害者ですからね。

日本は韓国の恩恵で発展した？

呉　本当に日本を見下しているなら、別に気にしなくてもいいのに、韓国人は「日本が滅んでいく」という言い方がすごく好きです。嫉妬心があるから、滅んでほしいと思っている。そう考えていると、あれもこれも日本が滅んでいくサインに見えてきてしまう。サインとして認識したいんでしょう。

ＷＷＵＫ　実際日本が滅ぶことはなかなか考えにくいです。どう考えても、滅ぶなら日本より韓国のほうが先でしょ。自分たちの心配をしたほうがいいと思いますけども……。

呉　韓国人は、やはり日本のことを気にしすぎているというのが本当のところだと思うんです。だから、韓国が日本に与える影響はすごく大げさに考えるし、過大評価している。日本が韓国にしたことについては、勝手に自分たちの解釈で批判して、被害妄想的に反応してしまう。

ＷＷＵＫ　「ＮＯ　ＪＡＰＡＮ」はその典型です。まず輸出管理問題を日本による経済侵略と決めつけた。実際は韓国の産業にほとんど影響はなかったですよね。むしろ、日本によって助けられている部材が多い事実に気づいた。自分たちが無知だったことに対して勝手に怒り、日本にその怒りをぶつけ、日本製品の不買や旅行自粛で対抗した。何というか、価値観の次元が違いすぎてめちゃくちゃですよね。

呉　このときの韓国人の考え方も独特です。いままで日韓貿易はずっと韓国の赤字ですが、日韓国交樹立以来、「日本は実質的に韓国を経済植民地化してきた」

「韓国から搾取し続けている」と批判したかと思えば、今度は同じような人が、「日本の産業、日本の対外貿易は韓国のおかげで発展しているんだ」と恫喝したりもする。「日本はひどい」と言えるネタがあれば、論理が矛盾しても気にしない。

WWUK　「NO JAPAN」、いわゆる「行きません、買いません」だっておかしな話です。発端は、韓国人の理解に合わせれば、フッ化水素など戦略3物資を「日本が売ってくれない」と誤解したことにあったわけですよね。つまり買いたいということじゃないですか。それがなぜ「買いません」になるのか。だったら最初から戦略物資だって買わなければいいだけでしょう。

呉　その場、その場で、言いたいことを言うだけだから、そうなります。

WWUK　先ほども触れましたが、韓国の若い層の大半は現実的で、変な被害意識はないんですよ。ユニクロに行くな、無印良品を買うなと言われれば人目は気にするけれどネットで買います。しばらく韓国のポータルサイトの検索窓で出てくるキーワードを観察していましたけれど、ユニクロに代わるような韓国のブランドが大きく注目を集めることはありませんでした。みんな価格と品質のパフォーマンスを良く知っているからです。結局、不買運動の盛り上がりは、せいぜい

1〜2カ月でしたよね。

呉　ユニクロのヒートテックって、韓国人は大好きでしょ。

WWUK　シャツの中に着るものだから見えませんしね。こうして考えると、結局いかに日本の影響が大きいかという証明にしかならないんです。

呉　いまもそう思っているわけです。日本から素材を仕入れて、韓国で製造して海外に販売することでお金を稼いでいるんですから、本当は日韓貿易が赤字でも構わない。それを売って韓国は黒字を得ているのですから。その状況を秀吉の侵攻に例えるなんてあまりに無知ですよ。

WWUK　さすがに、日本とビジネスをしている人ならこのばかばかしさをみんな理解していると思いますけどね。不勉強な人は理解できないかも。

呉　一般の韓国人は、相変わらずの侮日感覚と、日本に対する羨望感覚をゴチャまぜにして、お酒の場で憂さ晴らしのように話す対日観を当たり前の常識としてるんです。韓国人が日本に観光に行かないから日本は苦しんでいるんだ、安倍政権がおかしいからだと批判する。そのせいで「対馬は大打撃をくらっている」と言いますが、それは地理的に韓国に近いのだから当たり前のことです。

WWUK　なぜ、韓国人は安直な「日本タタキ思考」に陥りやすいんですかね。

韓国の歴史教育がおかしいことは当然ですが、日本人がわかりにくいのは、結局日本が統治していた時代は、韓国にとっては１００％日本と関係する歴史なのに対して、日本の同じ時代の歴史において朝鮮半島はごく一部のファクターでしかないじゃないですか。日本はアメリカと戦争して敗戦に向かっていったが、その流れと朝鮮半島との関係はダイレクトに結びつかない。

呉　韓国人は自分自身の問題として、「慰安婦」や「徴用工」をさかんに言い出します。あたかも自分が直接の被害者であるかのように。

ＷＷＵＫ　それどころか、アメリカが日本に勝ったこと、典型的には原爆を落としたことを、自分たちの独立、解放に結びつけて、勝手に解釈しています。これはあくまで日米の戦争で、本来朝鮮半島は関係がない。日本が敗戦した結果として朝鮮半島が日本から離れただけで、アメリカは別に朝鮮半島を解放するために戦ってくれたわけではありません。

呉　やはり、何でも自分自身にからめて大げさに考えてしまう。

民族優越意識で劣勢を合理化

ＷＷＵＫ　勝手な解釈は、安重根による伊藤博文暗殺*でも発揮されています。日本では安重根はテロリストとして捉えていて、韓国ではヒーローとして捉えています。あまりに認識が違います。そして、事実としては日韓併合反対派の伊藤博文を暗殺したことによって日韓併合が進んだのに、韓国人はその事実すら知らない。安重根の考えも、結局後世の韓国人が政治的に都合よく切り取って利用しているだけです。安重根の考え方は本来アジア主義的でしたし、明治天皇を尊敬していました。伊藤博文暗殺の実行犯も、実は安重根の仕業ではないという説もあるんです。

呉　結局、すべてきれいごとにする。自分たちは優越していると考えなければならないから、すべてその文脈で受け入れやすいように勝手に解釈を変えてしまう。日本に対しては、侮日が遺憾なく発揮されますけど、世界に対しても独自の解釈で、民族優越意識を持っています。

伊藤博文暗殺
１９０９年10月、満州・ハルビン駅構内を訪れていた伊藤博文枢密院議長（前韓国統監）を、活動家の安重根（アン・ジュングン）が殺害したとされる事件。安は日本側に引き渡され、裁判で死刑判決を受け、翌年処刑。安は現代の韓国において、独立のために戦った「義士」の代表格だが、併合ではなく「保護国化」論だった伊藤を曲解し、伊藤を暗殺したことでかえって併合論が加速したとする説や、そもそも安以外に真犯人がいるという説もある。

WWUK　日本はたまったものではない。これまでだって韓国の横暴によく耐えてきたと思いますよ。文在寅政権の日韓関係だって、いつも「われわれは門戸を開いている」とか、「私たちは寛大な心で会話の門を開いて待っているのに安倍政権が応じてない」と決めつける。これは、安倍政権や日本を批判しているだけでなく、これをいい機会に貶めたいからですよ。

呉　「われわれは日本人よりも大人だ」という立場を強調するんですよね。最近文在寅政権が反日感情を表現するときに使うのは、「日本はもっと大人になってほしい」という言い方。つまり「日本は子どものようだ」という、ある種の侮日意識そのものです。

WWUK　大人の対応をしてほしい……そのままブーメランですよ。そして、こういう意識を韓国は主に2つのチャンネルで国民に教え込んでいますよね。ひとつは教育、もうひとつはメディアだと思います。まず教育ですが、はっきり言ってあれは「反日ヘイト」ですよ。日本の左派メディアはスルーしていますが。

呉　家庭でも大人の常識はひどいものだし、学校教育でもその感覚でやっていますからね。学校の教育で子どもたちに日本を侮辱するポスターの絵を書かせて、駅で展示していたりする。

WWUK　あの、すっかり有名になったやつですね。日本にミサイルを飛ばす絵。あんな考え方を持たせて大人になったら、何を日本にやらかすかわかりません。

呉　逃れられない「恨」による侮辱、毎日の再生産ですよね。こんな野蛮な日本人たちにわれわれはやられた、悔しいという感情の相続というか。子どもの絵を見ると、直感的にわかる。

WWUK　本当に、ただのヘイト行為です。その割に、1965年の日韓基本条約や日韓請求権協定、その後の韓国の経済発展に日本がしてくれたこと*は教えない。もちろん、歪んだ自尊心もあるでしょうが、現政権の考え方では子どもたちに日本の貢献を教えることが政治的に不都合だからです。

呉　現政権が目の敵《かたき》にする朴槿恵は、まさに1965年に日本と国交を結んだ朴正熙の娘です。だから、現政権や左派は「朴槿恵は親日だ、汚い日本と手を結んで国を間違った方向に導いてきたんだ」と批判します。でも朴槿恵は、お父さんの影響を受けて親日だと最初は言われていましたけれど、彼女の本によると、お父様（朴正熙）からはたびたび、「韓国は日本や北朝鮮のせいでこんなに貧困な国になったのだ」と言われていたんです。朴槿恵は「勉強少女」だったので、そのまま大人になっていきましたから、むしろ反日思考ですよ。ここでも事実と反

韓国の経済発展に日本がしてくれたこと　「漢江の奇跡」（後述）を支えた一角は日本で、1965年の日韓請求権協定による無償＋有償5億ドルの経済協力は当時の韓国国家予算の約1.6倍、日本の外貨準備の約3分の1に相当する巨額だった。日本側は旧「徴用工」などへの補償を申し出たが、韓国側は一括して政府が受け取ると主張した。この資金で地下鉄や高速道路、製鉄所などがつくられ、鉄鋼、自動車、ダム建設など幅広い分野で技術協力が行われた。インスタントラーメンの製造技術もそのひとつ。

しています。

WWUK　朴正熙の日本に対する感覚を理解するのは、日本人にも韓国人にも難しいですね。かなりの時間が経ちましたし。

呉　朴正熙は日本統治時代に育ち、日本の教育を受け、チャンスをつかんだ人ですからね。朝鮮時代のままだったらおそらく世に出る機会はなかったし、そのことを本人はよくわかっている。だから個人的には日本が大好きで、日本をすごく評価しているんですよ。そこから、韓国をなんとかしたい、国を守り、経済が豊かになれば民族性も変わっていくだろうと考えたのです。朝鮮時代の精神性、両《ヤン》班《バン》制度*がいかに悪かったかということは、本人が身にしみてわかっている。

WWUK　しかし、大統領としては必ずしも批判されているような「親日」ではないですよね。

呉　そうです。私にもその考えは理解できるけど、教育面ではずっと反日を貫いていた。それは国を立派なものに見せるための「教育政策」だったのでしょう。日本の協力によって国が成長したのではなく、自分たちの頑張りで国が成長したのだと言いたい。

WWUK　それで教育システムが歪み始めたのは、大きな皮肉ですね。結局、左

両班制度
両班とは、「文班（ムンバン）＝文官」と「武班（ムバン）＝武官」の総称。高麗時代以降の官僚を指す。両班は中国の科挙にならって試験で採用される官職で、王から土地を与えられた。科挙合格者は両班層から出ることがほとんどで、やがて事実上世襲化し、両班は知識層かつ特権的支配階層と同一になっていった。儒教思想の影響で知識層は経済活動に距離を置いた半面、党派争いと汚職の温床となった。

派政権になってからは「漢江の奇跡」*も教えなくなってしまいました。

呉　戦後あれだけ日本からお金や技術をもらっていながら、韓国人に発表せず、教えてこなかった。私はある日本の経済界の方と長年知り合いで、その方は日韓協力の最前線でずっとご苦労をされてきた方でした。その方からこう言われたことがあります。「1965年以降韓国のために尽くし、地下鉄や高速道路の建設などに貢献させていただきました。朴正煕大統領にも何度もお会いしました。それで韓国から感謝の意を込めた勲章を受けることになりました。ところが勲章の授与式は、誰もいない密室で大統領と私の2人だけで行われ、おめでたい席であるのに、そこはカメラマンが1人もいない場所でした」。そういう話です。

WWUK　韓国国民には事実をオープンにしたくなかった?

呉　朴正煕の立場をよく表しているでしょう。

WWUK　だから、ソウルの地下鉄1号線や京釜高速道路、ポスコ*などが、1965年以降の日本の協力でできたことなんて、普通の韓国人は知らない。そこにお金を使うために、請求権協定で得た、「自称徴用工」への労働債権への補償金を振り分けたことも知りません。

呉　朴正煕は、韓国が独力で漢江の奇跡を起こしたと言いたかったんでしょう

漢江の奇跡
朝鮮戦争後30年以上にわたった高度経済成長を象徴する言葉。「漢江」はソウルを東西に貫く川。朴正煕が政権を握った後の1962年からIMF危機に至る97年までの平均経済成長率は約8・5%で、農業国かつ北朝鮮より貧困国だった韓国は、工業化、さらに重工業化に成功した。資金は主に日本、世界銀行、アメリカなどがまかなった。朴正煕をはじめとする軍事政権、保守政権を否定的に考える現政権下で、学校教科書から削除された。

ポスコ
旧・浦項(ポハン)総合製鉄。慶尚北道浦項市にある韓国の鉄

が、いまの韓国では誰のおかげでもなく、元からあったかのように考えているわけです。

WWUK　漢江の奇跡も全部自分たちの力だ、自分たちが優れていたからだと勝手に考えています。で、日本は自称徴用工に何もしてこなかったと怒っている。全部、話が逆ですね。で、最近は日本人もそこが徐々にわかってきて韓国の反日に怒るようになった。

日本統治時代を「搾取」と呼ぶ感覚

呉　このようなことが、韓国でも李栄薫先生の本でやっと知られるようなことになったのは、わずかながらですが、ようやく韓国人がこうした歴史を受け入れ始める契機になるかもしれません。

WWUK　そうですね。最近はネットのコメントなどを見ても、ある程度ちゃんと、的確に理解できている人が出始めています。

呉　若い人はある程度柔軟に受け入れられるかもしれません。私たちのような世

鋼最大手企業で、世界粗鋼生産量第5位（2018年）。朴正熙政権下の1968年に国営企業として設立された。朴正熙は経済成長のために総合製鉄業が必要と考えていたが、世界銀行の融資を受けられず、65年の日韓請求権協定によって得た資金を転用。日本の新日鉄（現・日本製鉄）等から技術協力も得て生産にこぎ着けた。2000年に政府所有株式を売却し、民営化された。

代は、すごくショックを受けたはずです。知識人たちも、これでやっとわかったと言うんです。そのくらい知られていなかった。

WWUK　いままで「韓国の常識」に染まってきた思考では、こうした事実をなかなか受け止めきれないかもしれません。証拠を並べられると頭では理解できても、体がついてこないというか、少なからずショックはあるでしょうね。

呉　実際そうです。すごく大変なことですよ。生まれてからずっと、侮日、韓国優越の思考にハマっていた私たちの世代の人たちが、そういう話を受け入れるのは簡単ではありません。それまでの人生というか、愛国心が否定されるような感覚になります。いまさら間違いだと気づいても否定できない。本の内容は事実に即していると内心では思っていても、いままで同様に日本批判をやめられない。

WWUK　ネットの世界では、いろいろ写真や資料が出回るようになったことが大きい。日本統治時代の写真を見せられると、納得できる人が多いようです。

呉　私も同感ですね。実はかなり前から、講演会などではWWUKさんがおっしゃったような写真を見せて説明してきたんです。特に、併合前と併合後の写真を比較すると、いかに併合によって韓国は発展したのかが十分に理解できますから。

WWUK　インフラや、生活面でのレベルアップは明らかです。

呉　日常着の韓服（いわゆるチマチョゴリ）の色には白しかなかったり、都会の真ん中で牛が荷車を引いていたりするのが日韓併合前です。仕事がなくて街をうろうろしている若者がたくさんいます。

WWUK　チマチョゴリから乳房を出して歩いている女性の写真は、ネットでも有名です。

1910年の日韓併合以降、朝鮮半島の近代化は一気に進み、人々の生活も大きく改善された。実際、集団予防接種が行われ、伝染病による乳児死亡率が減少した。写真は、李氏朝鮮時代（1890年代、写真上）と、20世紀初頭の日本統治時代（写真下）の南大門周辺の風景。李朝時代の京城（現在のソウル）は道路の舗装もほとんどされていなかったが、日本統治後は区画整理に資本が投下され、路面電車も通るようになった。

呉　それは男の子を出産したという証拠で、当時は誇っていたんです。そういう風習も併合後は廃れていった。で、併合から10年ほど経過すると、目に見えて街が発展していきます。電線が張られて電車が走っていて石やレンガ造りの建物ができて、商店街も近代的になってぃる。女性が韓国伝統服装のチマチ（スカート）の丈が短くなって、華やかな模様がありますね。日傘を差していたりもします。当時はかなり「新式」といって、オシャレだったんです。動物園ができたり、運動会をしていたり。

WWUK　文明開化の時代がやってきたんですね。

呉　スポーツを楽しむ機会ができたというのは、人々の生活が豊かになった証拠と言えます。現在の北朝鮮に当たる地域には、スキー場、スケート場、海水浴場などがいくつもできました。

「旭日旗」「徴用工」「慰安婦」等の反日プロパガンダ

WWUK　こういうことは、いまの韓国では「言ってはいけない」こと、タブーですよ。即刻に「親日派」認定されます。

呉　ある出来事を紹介する場合は、つらい歴史として説明する。でも、併合前後の現実を見ると本当にショックでしたよ。

ＷＷＵＫ　写真の話で言えば、反対のパターンもありますよね。ありもしない事実を、別の写真を持ってきて説明するような捏造《ねつぞう》です。これも『反日種族主義』でも述べられていましたが、どんどん誇張されています。

呉　先ほどまでの話と同じで、言いたいことが「韓国の正義」とか「正しい歴史」と考えているならば、それを補強する写真や資料が本当に正しいかどうかなんて気にかけません。エビデンスよりも気持ちが大事というか（笑）。

ＷＷＵＫ　しかし、わざわざニューヨークで「自称徴用工」の働いている写真を公開しましたが、実はその写真が日本人労働者のものだったり、笑っている「自称慰安婦」の写真を、そこだけ切り取って虚ろげな表情を浮かべる少女だけがいるように見せたり、戦後になってマスコミが当時の自称徴用工の落書きを捏造したり、やりたい放題ですよ。悪意に染まった無法地帯。しかも、現政権やその支持勢力は、そういう捏造を無頓着に、あるいは故意に使って国民を洗脳しまくっている。悪質なプロパガンダです。

呉　こんなにひどいことをされた、あんなにひどいことをされたと、人々の情緒面を刺激してきます。メディアはそこに過度な演出を加えてきますから、より情緒を強調して、真実を覆い隠してしまいます。ごまかしのスキルがすごい。一流です（笑）。

WWUK　印象操作そのものです。最近でも、日本のオリンピックのイメージを傷つけようと、「VANK」が五輪のエンブレムと白い防護服を着用した聖火ランナーを描いたパロディポスターを作成して、ソウルの旧日本大使館のフェンスに貼り付けました。IOCに怒られていましたが、こういうのも捏造スキルですよ。ありもしないリスクを、プロパガンダのテクニックで情緒的に訴える。実は僕、IOCがVANKを注意した経緯について、「WWUK TV」で意見を述べたのですが、何とそれに対してVANK側から返答があったんです。

呉　ひどいことを言われたんでしょう？

WWUK　僕がVANKを「反日団体である」と強く非難したとして、「（VANKの活動は）日本政府の歴史歪曲を正すという趣旨であって反日活動をしているわけではない」とのことでした。さらに「WWUK TV」を、歴史を歪曲している代表的な嫌韓放送だとして、「日本語で韓国関連ニュースを日本極右の視点に再解釈して放送している」とまで言われました。もうさんざんな言われようでした。しかも、僕の使っている資料に対しては何も抗議しないんです。資料の中身は批判せずに、お得意の情緒に訴える手法で印象操作をかましてくる。まともな心理には思えません。

呉　イメージで抗議しているだけですね。彼らは、急に旭日旗問題を世界にアピールし、騒ぎ始めている人たちでしょう。

ＷＷＵＫ　ＶＡＮＫは旭日旗をナチスのハーケンクロイツと同一視して、「戦犯旗」であると主張した動画をＹｏｕＴｕｂｅにアップロードしたり、ポスターやカードを作成し、英語字幕をつけて全世界に配布したりしています。まったく次から次へと日本を陥れる活動をしています。そういうのが日常茶飯事なんです。

旭日旗については、さらにヒートアップしています。模様が旭日に似ていたら何でもかみつくような状況になっている。相手が日本であれば、「日本はいつまでも軍国主義的だ、韓国をバカにしているんだ」と解釈する。海外に向けて発信する場合であれば、「アジアの歴史に無知だ」「ナチスを肯定しているも同然だ」と攻撃する。しかも、これってここ10年くらいで急に起きてきた現象です。左派からすれば、日本をネチネチと痛めつける格好のネタを仕入れたわけです。

呉　反日のわかりやすいイメージになりますからね。

ＷＷＵＫ　旭日旗の専門家を自負している、徐敬徳《ソギョンドク》誠信女子大学教授をご存じですか？　彼は放射線の模様を見つけると、わざわざ写真をＳＮＳに載せて、英語でもアピールしています。相手は本当に世界中です。ユネスコとか、ヨーロッパのサッカークラブとか。それをどんどん広報して、旭日旗が軍国主義を象徴しているという、嘘のプロパガンダを振りまき、日本への悪感情を世界中に抱かせているんです。

呉　韓国人は、「日本人がひどいこと、残虐なことをしてわれわれを苦しめたが、われわれは大人の立場で日本を許して仲良くしてあげようと考えているのだ」という言い方ができます。日本に対し、道徳的優越感を持てる。これは、韓国人が「未開な日本人に支配された」という史実を、「われわれは未開人にやられたけれども、それは道徳的に劣っている日本が間違ったことをしたからだ」というふうに解釈するんです。結局、嘘を駆使してでも日本を貶めることはやめられない。

WWUK　僕の視聴者の方々からもよくコメントをいただくんですが、「韓国人は嘘をついていることが恥ずかしくないのか」と日本人なら思いますよね。それに対する答えは、「嘘だと認識していないから恥も感じない」ということ。あるいは、嘘を駆使してでも日本を貶める「正当な理由」があるから、別に恥じる必要がないわけです。なかなかついていけない発想です。

呉　そこに気づいてしまった韓国人は本当に苦しい。

「慰安婦」「徴用工」のネガキャンにどう対抗する？

呉　近年、世界的に人権問題が大きな焦点となっているでしょう。韓国は、その流れに乗っていくなかで「慰安婦」問題も「徴用工」問題も取り上げようとしている。いま韓国では、元「慰安婦」が日本政府に賠償を求めて訴える裁判を起こしていますね。日本はもちろん相手にする必要はないし、そもそも外国の民事裁判で外国の政府は被告になれません。それに対して韓国の反日主義者たちは、人権は誰にも反対できない人類にとっての「絶対正義」だといった持ち出し方で、「慰安婦」問題や「徴用工」問題を、他に例を見ない残酷極まりない人権侵害問題だと欧米で広く宣伝し、多くの人々の賛同を得ていくなかで、日本に対して国際的な裁きを下してやろうと画策しているんです。

WWUK　問題は、そもそも欧米の人は日韓問題について正しい知識なんかありませんから、急に聞かされるとびっくりしてしまうということ。僕のスウェーデン人の友達が僕に言ってきた話はその典型で、自称慰安婦問題は、要するに日本の軍人が韓国の若い女性をレイプした、と理解しています。日本人はすでに条約も結び、自称慰安婦問題については個別に対処もして、この問題は終わった、改めて取り上げるようなことは避けようとする傾向が見られますけど、そういう「水に流す」パターンは危険ですし、結果的に韓国を甘やかします。同時に、ここまでいろいろ出てきたように、日韓基本条約や、それ以降にしてきた数々の経済協力をしっかり訴えないといけません。これもそのまま放置しておくと、結局日本が悪いのではないか、無理やり韓国に不利な条約を結ばせたんじゃないかと誤解されますよ。

呉 韓国側は「植民地＝悪」という前提で、日本は1965年の時点で日韓併合を不法行為と認めなかった、そこがそもそも間違っている、という話をしてきます。韓国側の主張は、日本による韓国植民地化は国際法上有効かどうかといった問題ではない、「人類の普遍的な倫理」あるいは「人類の普遍的な価値」に真っ向から反する大罪なのだ、だから日本に賠償責任があるのは当然だ、そもそも個人賠償請求権は失効していないのだ、というものです。こうした主張を、ヨーロッパ諸国、特にフランスとかドイツとかは受け入れやすいという印象があります。

ＷＷＵＫ　旭日旗がハーケンクロイツと一緒だと同一視するのも、そういう戦略です。やり方がうまいですよ。褒めている場合じゃないけど、悪知恵の巧みさには、そろそろ気づいてほしい（笑）。

呉　感情的にアピールするテクニックとエネルギーって、韓国人は本当にすごいです。執着心や執念深さが飛び抜けている。

ＷＷＵＫ　大統領自らが行う、朴槿恵の告げ口外交*もありました。

呉　本当にそう。告げ口というのも歴史があります。朝鮮王朝時代は、謀反への警戒心がとても強かった。いまの北朝鮮が国民に密告を奨励しているのもその流れですよ。もともと朝鮮にはそういう〝告げ口文化〟が浸透していたから受け入れやすい。つまり、誰かを陥れるために足を引っ張るのは得意なのです。

ＷＷＵＫ　しかし、こういった動きに対して、日本政府は「相手にする価値がない」「無視が一番」などと言いながら見過ごしているじゃないですか。これはまずいですよ。もっと強く日本の立場を主張していくべきだと思います。

朴槿恵の告げ口外交
韓国の朴槿恵前大統領が行った、日本に対する外交手法。日韓問題に関して日本と直接的に対峙することを避け、米国や欧州諸国など第三国に韓国の主張を説き、日本への圧力を要請する外交を指す。相手国に呆れられた。

左派メディアは「親日派」を敵視

呉　教育と合わせて反日を宣伝しているのはメディアです。私も韓国メディアにはさんざんやられてきましたが、ＷＷＵＫさんもひどい目に遭ったそうですね。

WWUK　２０１９年の8月、韓国の地上派テレビ・ＭＢＣ（文化放送）の「Ｐ《ピー》Ｄ《ディー》手帳《スチョプ》」という報道ドキュメンタリー番組で、僕が言ってもいないことを悪意的に編集してつなげて、「日本人より日本人らしい親日ＹｏｕＴｕｂｅｒ」と批判されました。これは僕にとっては最高の褒め言葉ですが、韓国の歴史を歪曲し、嫌韓でお金を稼いでいるという批判はとても受け入れられません。

呉　「ＰＤ手帳」、有名で影響力のある番組ですよね。実は私も同じ番組に攻撃されたことがあります。

WWUK　え、どんなふうに攻撃されたんですか？

呉　ＭＢＣは昔からそう。ものすごく左翼的でね。盧武鉉政権のころですが、大学で歩いている姿を全部隠し撮りされたんですよ。

WWUK　大学って、わざわざ日本の大学までやってきたのですか？

呉　そう、いま教授をしている拓殖大学まで来ました。歩く姿や講義の様子なんかもすべて隠し撮りされたのです。当時学長の渡辺利夫先生は、彼らから「アジアの経済についてインタビューしたい」と言われて受け入れたんですが、インタビューというのは建前で、実際には私に関する話を詳しく聞き出そうとするんです。採用の経緯とか、不正があったのではないかとか、呉善花はそもそもインチキだとか。渡辺先生は激怒された。それでも、そこまでのインタビューをうまく編集して、私に不利なことを話したように見せて放送したのです。映像と音声を、都合のよいように切り張りした、まさに悪意の番組でした。

WWUK　うわー、ありがちですね。韓国メディアの切り取りは伝統芸です。

呉　それから、拓大の日本文化研究所の当時所長だった井尻千男先生にもインタビューしたんです。私が日本国籍を取得した、という話をたまたま井尻先生はご存じなくて、「あっ、そうですか？　それは知りませんでした」と驚かれた。するとそこだけ切り取って、都合よく使った。他にも、私の関わっているあちこちに記者が尋ねていって話を聞いて回る。刑事みたいだったと言っていましたよ。いまＷＷＵＫさんが同じような体験をしているわけですね。

WWUK　まさに狙われています。韓国は基本的に僕を悪者にしたい。「親日派」だから陥れたい。そのためのレトリックとして、「お金に汚い」というフレームを使ってくるんですね。僕が親日を利用する金稼ぎ系ＹｏｕＴｕｂｅｒ、「新・親日派」というレッテルを編み出しました。それで、韓国から僕や同じような活動をしているＹｏｕＴｕｂｅｒに対して、抗議のコメントを送ったり、ＹｏｕＴｕｂｅ本体に対して収益化を止めるように訴えたりしています。彼らにとってそれは「正義」ですからね。ただ、いまどき外国発のニュースなんてネットで簡単にわかるんですから、文在寅政権の息がかかったメディアの嘘なんてあっという間にバレます。

呉　お金儲けにつなげるパターンは私に対してとそっくりですよ。当時私も、呉善花は関係者を騙してお金儲けをしていると言われました。「呉善花を潰せ」という目的で。

WWUK　他局にも攻撃されました。同じく地上波のＳＢＳには「それが知りたい」というドキュメンタリー番組があります。ここでは僕が当時の公娼制度を理解してもらうためにあれこれ説明しているんですが、そこを切り取って、『慰安婦』は簡単に言えば売春婦」と断言したかのように見せているんです。左派の信頼が厚いケーブルテレビ局のＪＴＢＣにも取り上げられました。もう恐ろしいですよ。これらのメディアは、経営陣も労働組合も左派が掌握していますから。ほとんど共産主義国家の国営メディアと変わらない。悪質で念入りな仕込みをするプロパガンダですよ。おかげで僕のＹｏｕＴｕｂｅチャンネルは韓国内でも知名度が上がり、ずいぶん左派の人たちが見に来るようになり、不当な通報や悪質なコメントが急増してしまいました。

呉　もう、何が正しいかではなくて、彼らが正しいと思うことの宣伝と、彼らが敵と見なしている勢力への攻撃です。いまの韓国に不利な発言やニュース解釈をしたりすれば攻撃を加える、ましてや日本統治時代を評価したりすれば、絶対に許さず、社会的な抹殺へと追い詰めていく。

ＷＷＵＫ　韓国の意見がすべて正しい、韓国の歴史観がすべて正しいという。ただの全体主義ですよ。韓国が民主化宣言して30年以上が経ちましたが、かえって言論空間はだめになっているわけです。

呉　家族や知り合いも含めてひどい目に遭いましたけど、大学は私を守ってくれたんですね。ずいぶん慰めてもらいました。現在も拓殖大学で教えていますが、韓国のネットでは「呉善花は大学をクビになった」なんていう嘘が平然と流されています。もう放ってますけど。

なぜ「反日」と「日本好き」は同居できる？

呉　こんな韓国ですが、日本人には本当に不思議に感じられるでしょう。個人的には日本をすごく評価する人もいますから。正直言って、日本文化や日本人が優れていると考えている人が大部分でしょう。韓国人が私と1対1で話しているときは穏やかで、しっかり根拠を持って日本を褒めているのに、いったんステージに上がって講演したり、テレビに出演したりすると、それまでの対応を一変させて急に反日になる。自分が国家や民族を代表しているような感覚に、無意識のうちになってしまうのでしょう。

ＷＷＵＫ　オフィシャルな場だと「親日発言」はリスクが大きいのでしょう。

呉　特に、日本人や韓国人に向かって日本を褒めること、あるいは韓国人同士で韓国の悪口を言うことはまだしも、日本人に向かって韓国の悪口を言うことは許せないというのが、私やＷＷＵＫさんが攻撃されているポイントですよね。

WWUK　だから、僕も不思議ですけど、一応「日本好き」と「反日」は、同じ韓国人の中で矛盾せずに存在できるんです。

呉　日本にたくさん観光旅行に来ますしね。

WWUK　それはやはり、単純に考えて、韓国よりも日本のほうが観光地は多いし、先進国ということで、道もきれいで人間のモラルも高くて、すべてが整っている感じがあるからでしょうね。僕も子どものころ最初に受けたイメージはそういうものだったんです。祖母と関西地方を回ったんですけど、衛生的に安全で、人が優しくて楽しい思い出がたくさんあります。韓国人がよく考える日本人像として、「裏と表は違う」みたいなイメージがありますよね？　「日本人は表向きいい顔をしているが、陰口をいっぱい言う」という。でもそれは嘘だと思いました。韓国のほうが陰口はひどい（笑）。だから、結局イメージです。韓国では反日の空気の中で、「親日」行為をすると、日本人向けに言えば、「空気の読めない奴」扱いというか、疎外されます。それでも本音は日本が好きだから、日本を旅行してInstagramで自慢するんですね。まさにダブルスタンダード。ただそうした行為について、自分たちはそれを自己矛盾だと認識できていない。

呉　結局ちゃんと考えていないからですよね。若い人なら、それでいい面もあるのかもしれませんけど。

WWUK　そうですね。確かにバリバリの「反日」の若い人もいますが、日本のことが好きでいながら、歴史のことは間違った知識で見ている人もいます。結局ダブルスタンダードです。なかには、歴史は歴史、文化は文化で分けて考えられる、日本といえば何でも感情的になってしまうようなタイプではない人もいます。韓国人といってもいろいろですから。全員反日一色、ということはありません。素朴に日本が好きという人もいます。そこを日本の皆さんにもわかっていただけるとうれしいですね。

日韓は永遠に和解できない

呉　韓国人の問題は、「自分たち内側の主観・価値観だけで日本を見ている」という現実を認識できないことですね。いろいろな話をしましたが、日本と韓国は隣国でもかなり違う。にもかかわらず、韓国人はすべて自分たちの思考法、自分たちの基準で物事を考える。私も韓国出身だからよくわかるんですが、相手に対してことさらに自分のことをわかってほしい、何をおいても自分を理解してほしいという気持ちが強く、自分を強く押し出しながら日本を見ようとする。なぜかといえば、自分の、あるいは韓国文化の価値観・価値体系こそがどこよりも正当なものであり立派なものだと頭から信じているからです。だから、そういう正しい自分たちとは異なり反する生活習慣、思考様式、行動形態などに接すると、みっともないと感じたり、間違っているとか劣っているとか決めつけたりすることになってしまうんです。

WWUK　韓国では、「日本は心からの謝罪をしていない」「誠意のある謝罪を求める」なんて言いますが、結局いま先生がおっしゃった通りです。遺憾と言われても受け入れない。お金をもらっても、「お金をくれるからもらっただけでお金だけで解決しようとする精神は汚いものだ」「そもそもお前たちは未開で野蛮なサルじゃないか」と言い続けたら、もう未来永劫、両国の和解なんてありえないですよ。

呉　そこでまたお金をあげると、かえって自尊心が傷つけられたと反発する。

WWUK　「われわれはお金がほしかったためにそういうふうに言ったんじゃない！」と怒り始めますからね。自称徴用工問題も同じ理屈です。

呉　お金は汚いという前提があるのに、でも常に「お金、お金」と言う。

WWUK　自己矛盾が反復するだけです。とりあえず自尊心が大切だから、韓国人は日本人からお金をもらうというと、馬鹿にされるような感覚ですよね。なぜ自分よりも立場が下の人間からお金をもらわなければならないのか。

呉　だから「侮日」に走ります。常に自分たちが上であって、日本人を低い人たちと見なす。こうした侮日観が子どものころから根強く染みついているから、もう話が嚙み合わない。まともな日本論などとうてい受け入れられないことになる。いろいろ傷つくこともありましたが、いずれは韓国人もわかってくれる、ということを願っています。日本人を嘲笑し、いじめるという構造から早くから脱出してほしい。

WWUK　いじめる感覚です。人をいじめると脳内で快楽物質が出て、気持ちいいらしいです。韓国はもともと上下関係が激しいので、下の人をいじめる文化が根強いです。日本人に優越感を持つのは気持ちいい。自分が上に立っている関係性を維持したい。そのくせ、中国のような強者には何にも言えない。

呉　そうそう、中国にはすごく遠慮して、その憂さ晴らしでもあるかのように日本人をいじめる。もうやめてほしい。

第4章

〝脳内勝利〟に依存する心理メカニズム

世界から浮きまくる「韓国式幻想《ウリナラファンタジー》」

韓国人の考える「民主主義」

WWUK 日本と韓国の関係を考えていると難しいことばかりです。2020年現在、韓国が何をしようとしているのか、どう見られているのかという点について、呉先生や僕は韓国と日本を両方見てきましたから、正確に切り出せるのではないかと思うんです。特に、左派の文在寅政権がしていること、今後目指そうとしていることがかなり明確になってきましたよね。そのなかで、2020年4月15日は国会議員総選挙です。

呉 韓国は強力な大統領制。とにかく選挙で勝てば官軍、負ければ何もないどころか、場合によってはわが身が危なくなりますから、本当に生きるか死ぬかの戦いです。朴槿恵さんも大統領から追い落とされて悲惨な目に遭っています。左派、右派それぞれの陣営内部でも、権力中枢を目指し、派閥に割れて激しくぶつかります。どちらの派閥も死にものぐるいで戦うので、そのパワーは凄まじい。

WWUK このまま左派が韓国社会を押さえ続けるとなると、いよいよ北朝鮮と一体になって、中国＋北朝鮮＋ロシアの「レッドチーム」に行ってしまう可能性が非常に高いですね。欧米＋日本型の「ブルーチーム」とは一線を画します。

呉　憲法を改正して、より社会主義化していくんでしょうね。

WWUK　韓国国民はみんなわかっているんですかね？　第2章でも出ましたが、民主化宣言から30年以上が経過して、彼らの多くは本気で「私たちの民主主義はすごい」と思っています。よく言えるなって思います。本当の民主主義も知らないのに、現状の政治システムをなぜ肯定できるのか。

呉　歴史は本当に浅いですね。だからこそ、言いたい放題なのかもしれません。

WWUK　残念ながら、朝鮮、韓国の歴史を見て、大韓民国という国家自体の歴史はまだ短いですが、正直に申し上げると、結局昔から現在まで、あまり誇れるような要素がないじゃないですか。悲惨なことに、情けない話ばかり。最近になって、K‐POPや韓流映画やドラマは世界レベルと言い始めていますが、これも国レベルで盛り上げて、必死に心の穴を埋めようとしているように見えます。

呉　ドラマや映画で描かれる歴史は、内容も響きもすごくいいでしょう。しかし、現実的には、韓国社会は建国以来ずっと貧富の格差が激しいままでやってきた。ここまで国の経済が発展してきたのに、どんな為政者も解決できなかった。

全般的には豊かになったのに、貧富の格差は以前よりもいっそう開いてしまっている。盧武鉉も李明博も朴槿恵もこの問題を解決できなかった。文在寅もおそらくできないでしょう。そういう意味では誇れない歴史はずっと続いています。一生懸命資本主義を導入し、豊かに食べられるようにはなったけれど、貧富の大きな格差が厳然とあって、嫉妬が大きくなるばかりでちっとも幸せになれない。だから、ありえないファンタジーを「社会主義・北朝鮮」に見てしまう。しかし北朝鮮のやり方で、まさか国民を幸せにできるわけがありませんから、このまま進んでも共倒れですよ。

WWUK　そこに気づいた韓国の保守派や一般の人たちは、親中、親北をしている文政権のことを拒否していますけれど、正直あらゆる層を左派が掌握しています。先ほどのメディアもそうですけれど、保守派は本当に力がない。いくら反文在寅デモをやっても報道されない。あれこれとしたたかに印象操作や偏向報道され、抵抗もできない。非常に不利な状況にあります。せめて、その様子を世界から「異常な政治システム」と言ってもらえればいいんですけれど。

呉　WWUKさんは、大統領ってどんなイメージですか？

WWUK　大統領……どうでしょう？　やはり権力があって、政治的成功者といいますか……。

呉　一応、偉い人という感じ？

ＷＷＵＫ　いいえ、僕も周囲の人間も、大統領をあまりリスペクトはしていないと思います。

呉　いままでの大統領は、みんな悲惨な末路を迎えていますから、現状は良い姿に見えてもあまり人として信用がないんですね。

ＷＷＵＫ　何と言いますか、素晴らしい印象、おそれ多いイメージがありません。最初は自分たちで選んだ大統領ということで、親しみや信頼があり、期待を込めて見守りますが、時間が経つにつれ、どんどん信頼をなくし、批判するようになる。特に文政権については、独裁政治だと感じる人はかなり多いです。それだけリスキーなトップとも言えるでしょう。

呉　大統領制だから民主主義であるという気持ちは働きやすいけれど、どの大統領も、政権末期になってくるとどうしようもない状況に追い込まれますよね。みんなにボロクソけなされる。カッコ悪い姿です。

ＷＷＵＫ　ちょっと権力が強すぎるんですかね？　だから任期の終わりになると、次の権力を見据えてあっという間に見放されるのかもしれません。

呉　もともとの韓国人の意識は、第2章で話した通り、大統領を王様と同じように考えています。北朝鮮の金王朝一族を考えるのと同じ。大統領に対して、そこまで「期待」してしまうんですよ。

WWUK　ああ、儒教の王様は聖人君子ですから、本来なら任期の終わりどころか、死んだあとも完璧であるはずなのに、毎回初めは大統領にそれを期待して、結果的にそうではない現実に突き当たる。

呉　そう。これまで、大きな悪行に絡んで悲惨な末路を歩まなかった大統領は一人もいないという事実が、「聖人君子」を否定することになってしまう。だから、韓国人はだんだん失望するようになったんです。自国の大統領をリスペクトできないことは残念です。

WWUK　そのせいで金王朝がよりよく見えているとしたら皮肉ですね。最近の韓国は、もう就任1年くらい経てばみんな大統領を非難し始めますからね。やはりダメな人間じゃないかと。選んだのは自分たちなのに。

呉　韓国は政治もメディアも含めて、すっかり親北朝鮮になりましたね。親中、反日政策も、朴槿恵政権あたりから強くなり、それが基盤になり、文在寅政権で一気に加速しましたね。

WWUK　朴槿恵前大統領も一時期は親中・反日政策ではありました。

呉　朴槿恵政権以来、韓国政府は親中政策をずっと貫いてきたのですが、それに対する反発というのは、最近になってやっと出てくるようになったんです。右派でも表立って親中の危険を訴える人は数えられるほどしかいませんでした。それが最近変わってきた。中国発の新型コロナウイルスの流行と、文在寅政権が中国に配慮するような態度を取ったことで一気に強まりました。それ以前から着実にあったと思うんですが、顕在化しました。

WWUK　PM2・5についても中国にちゃんと強くものを言えないですし。

金持ち嫌い、財閥嫌い、バラマキ大好き

呉　韓国人が世界から見ておかしいことのひとつは、自由主義、資本主義で発展してきたのに、お金持ちが大嫌い、財閥が大嫌いなこと。

WWUK　自分がお金持ちではないからこそ、金持ちを嫉妬の感情で眺めるんでしょう。金持ちが基本的に嫌いですよね。

呉　何というか、金持ちというのはまるで詐欺師みたいに思われている。大統領経験者もそうですが、財閥のオーナー経営者の多くも捕まっています。サムスン電子、ロッテ、他にも大韓航空の韓進グループでも家族が捕まりました。

WWUK　ナッツリターン事件*の一族ですね。

呉　とにかく財閥一家というのはロクでもない存在という不満を持っています。その不満が朴槿恵政権末期の崔順実《チェスンシル》ゲート事件*で爆発した。

WWUK　みんなの不幸につけ込んだ感じがあります。財閥をどう叩いてもいいという風潮が形成され、彼らからお金を巻き上げて配ることが左派の目的になっている感がありますね。

呉　共産主義がいかにダメなのかを右派は主張してきたのですが、いくら経済成長を続けても豊かになるのはごく少数の者たちだけといった現実が慢性化し、多くの人々の間に「資本主義には絶望しかないじゃないか」というイメージが強まっていきました。そこで経済成長がストップしたので、絶望感はいっそうのこと深くなっています。IMF以降の人間関係や家族の崩壊の話をしましたが、財閥一家というのはその象徴です。お金を持っていても騙し合う、お金を持っているから人間関係が殺伐とする、というようなイメージです。彼らの企業グループに

ナッツリターン事件
大韓航空などを経営する韓進（ハンジン）グループの趙亮鎬（チョ・ヤンホ）会長（2019年死去）の長女、趙顕娥（チョ・ヒョナ）副社長（当時）が、14年、ニューヨークの空港を出発する同社機内で、CAのナッツの給仕の仕方に立腹して搭乗ゲートへ引き返らせ、乗務員を降機させた事件。趙副社長は逮捕・起訴され、最終的に有罪となった。なお同グループ一族をめぐっては、パワハラや密輸、会長死後の経営権争いなどのスキャンダルが報じられ、財閥批判の典型例になっている。

崔順実ゲート事件
2016年10月に表

入れない韓国人は、格差社会の負け組となって、経済成長の恩恵をほとんど受けられない。これを「ヘル朝鮮」と呼びますよね？

WWUK　よく言いますね。なかなか就職できないとか結婚できないとか、一生家は買えないとか。

呉　これを文在寅は財閥批判に結びつけて、法人税率を引き上げ、最低賃金も引き上げました。不動産投資に対する課税も強化している。

WWUK　どれもうまくいっていません。

呉　そこが問題です。うまくいっていないのに、それほど強く批判されてもいない。やっぱり、そういう政策は響きがいい。長続きはしないが、バラマキをしていればしばらくは人気が保てる。政策や経済の状況がわからない人たちは、財閥や富裕層を叩いてお金を取って、バランスよく分配してくれるというところに興味を持っているだけです。補助金や支援金だらけ、なんでも無料というふうに。そういうのが弱者の味方であるかのように、カッコよく映ってしまう。

WWUK　経済成長がなければ、仕事もなくなって結局長続きしないと思うんですけど。

呉　いつもながらのことですが、やはり目先のことを考えてしまうんですよ。大

面化した、大韓民国の朴槿恵大統領とその友人で実業家の崔順実を中心とした政治スキャンダル。公式な名称は「朴槿恵政府の崔順実などの民間人による国政壟断（ろうだん）疑獄事件」である。

統領は私たち一般の人たちのために、私たちのできないことをやってくれていると思ってしまう。文在寅はもともと朴槿恵政権の大型予算を批判していたのに、いまはそれ以上にお金をバラまいている。否定していた公共事業までしている。でも、ＷＷＵＫさんたちのような、本当に一生懸命勉強しているのに苦しい世代は、もうそろそろこの問題の根本を見抜いているのではないですか？

ＷＷＵＫ　これまで目先のことばかり考えてきたというのはみんな同じだと思いますが、この数年、結局それだけではダメなのではないか、特にできそうもない理想ばかり掲げて国をめちゃくちゃにしている左派の間違いへの批判は出てきています。清廉潔白をうたっていても、仲間同士で利権構造を組み立てる。左派エリート層への信頼感はガタ落ちですし、期待感もなくなっているでしょう。曺国の話なんて、本当にひどいですよ。ただ、じゃあそれなら誰を、何党を支持すればいいのか、というのも見えにくい。それで結局、政治そのものへの関心をなくしていっているように思います。政治への希望が持てない状況と言えます。

呉　どうせ何も変わらないなら政治に関わっても仕方ないと諦める。昔と違って、それですぐにご飯が食べられなくなるような時代でもないですしね。

ＷＷＵＫ　政治にますます興味をなくして、とりあえず毎日を精いっぱい楽しんで、まあとはなんとかなるようになるだろうという、少し殺伐とした雰囲気です。厭世観に満ちています。その雰囲気が蔓延することで、逆に左派のいい加減な政治を助けている面もあるでしょう。

北朝鮮の人権弾圧には知らんぷり

呉　私はよく日本人にも聞かれるんですが、文在寅政権に代表される左派は、二言目には「人権」を唱えるけれど、なぜ北朝鮮や中国の人権を気にしないのかと。そういう疑問があるようです。

WWUK　もっともですね。確かに北朝鮮は世界でもっとも人権が軽視されている国のひとつですが、そこには目をつぶっているように見えます。お得意の「見たいものしか見ない」というメンタリティではないでしょうか。

呉　韓国の左派はここで、私たちは人権を大切にしているから、北の同胞を助けなければならないと考えます。いますぐ同胞を助けなければいけないが、そのためにこそ南北は統一する必要があるという流れなんです。

WWUK　同胞を助けるためには、北朝鮮を経済的にも締め上げるほうがよほど適切だと思うんですけれど。世界のほとんどすべての国はその考え方に賛成して、国連で経済制裁をしています。ものの考え方が根本的に異なっています。

呉　現政権や支持者は、北朝鮮を変えられるという考え方よりも、「北朝鮮にむしろ学ぶべきだ」とでも言うべき「評価」をしていることが独特です。私が今回お話ししてきた韓国社会の変化と崩壊に比べれば、北朝鮮のほうが誇らしい「わが民族」の雰囲気を残しているじゃないか。それに比べれば韓国はすっかりアメリカナイズされている。資本主義で伝統も壊れてどうしようもない。ならば、韓国の経済力と北朝鮮の「主体《チュチェ》思想*」を組み合わせれば、いままでにない素晴らしい朝鮮民族の国をつくれると、本気で思っている。

WWUK　ただの幻想ですね。現実に目を背け、見果てぬ夢に思いを込めていると言いますか……相当危ない発想だと思います。

呉　まさしく幻想ですが、文在寅は考えを曲げない、めげない。これが彼の原理原則、価値観です。保守派だろうがアメリカだろうが、誰に何を言われてもわが道を行く。それが彼の売りですよ。

WWUK　まして日本の政治家が何を言おうが、それに耳を貸すはずもない。ま

主体思想
朝鮮労働党および北朝鮮の指導指針とされる思想。マルクス・レーニン主義を朝鮮の現実に適用したものとされ、1966年以降、金日成（キム・イルソン）によって唱えられた。「主体」とは、金日成によれば「自国の革命と建設に対して主人らしい態度をとる」人間中心の考え方で、政治の自主、経済の自立、国防の自衛が強調された。一方で、人間が主体的に生きるためには首領の懸命な指導が必要とされ、金日成個人崇拝と金正日（キム・ジョンイル）後継体制を正当化するためのイデオロギー的基盤となっている。

ったく真剣に考慮している姿が感じられない。

呉　要するに「わが民族」の力だけで、「オール国内産」で建国しようとしている。そんな発想だから、半導体材料を国産化できると、根拠もなく語る。

WWUK　そもそも韓国の経済発展は外国への輸出があって初めてできるのに、なんでそんな幻想を信じるんだろう。輸出強国になるには、日本との関係強化は不可欠です。政府は国民生活の安定をリアリスティックに考えていません。

呉　韓国は内需が弱く、輸出主導でここまで来たということはみんな理解している。そこで統一さえ成し遂げれば、人口7500万人の大きな市場の国になれる。同じ言葉、同じ文化、同じ価値観を共有し、内需も良くなる。北をさらに開発して豊かになれるんだと夢を語ります。

WWUK　他の国は、そんな浮世話を誰も信じないでしょう。

呉　それどころか、北朝鮮ですらこんな話には乗ってこない。金王朝は自分たちの権力維持が目標ですから。それなのに左派は、勝手に1人で夢を見て、うまく説得すれば何とかなると考えている。

WWUK　彼らには「絶対正しい」という思考しかないですからね。

呉　文在寅も必死ですよ、なんとか自分の代で可能なかぎり、南北統一しやすい社会をつくりあげていきたい。半分社会主義のような国家をつくって、さらに次の左派の世代にバトンを渡したいんでしょう。

WWUK　保守派への攻撃もその一環ですね。いわゆる「積弊清算」*。そこに親日派のイメージをくっつけて葬り去る。一石二鳥です。

呉　日本から韓国を見ている人には、最近の日韓関係だけではなくて、なぜ前の大統領である朴槿恵やその周辺を、あそこまで徹底的に攻撃するのか、ちょっと信じられませんよね。すでに権力を失っている人たちなのに、さらに唾を吐いて踏みにじるように、徹底的に攻撃しますからね。

WWUK　特に日本人の感覚では、ちょっと「ドン引く」感じですかね。

呉　私は朴槿恵前大統領が大嫌いですが、権力者であるときとそうでないときの落差はすさまじい。最初はまるで神様のように、女神のように持ち上げておいて、権力から落ちていったときには、これでもかという具合に、絶対に起き上がれないように徹底的に潰してしまう。これを見ると、歴史上親日派と呼ばれた著名な元権力者への扱いを思い出すんです。それは李朝末期にクーデターを挙行して失敗した金玉均ですが、彼は暗殺されたあとに死体をバラバラにされて、方々でさらされて捨てられた。もちろん持ち物も燃やされる。「国賊」になると、歴

積弊清算
文在寅政権が推し進めた過去の政権時代に積もった弊害＝不正、そして不公正な社会構造を清算するという意味を持つ。親日派や保守派の排除を目指す。

史に残らないよう完璧に抹消されます。

WWUK　おそろしい社会です。民主主義もなかった100年以上前の話なのに、実際はいまもあまり変わっていないですね。現代にも通じる状況です。

呉　北朝鮮はいまもまったく同じ姿です。金正恩は叔父で自分の後ろ盾でもあった張成沢《チャンソンテク》*を2013年に「国家転覆」を謀ったとして粛清、殺害していますが、このときのやり方も、大型機関砲でバラバラになるまで撃ったといいます。それは100年前と変わらない発想です。革命の歴史に残さないように抹殺する。

WWUK　人権どころじゃない。積弊清算はそういう流れに乗っかっているから、「完璧」に排除しなければならない。

呉　残存物はあってはならない。存在を消し去らないといけない。

WWUK　だから、法律もあまり気にしません。前から受け継がれている法律の体系よりも、いまの状況に応じて、新たな「正義」がつくられ、それが優先されてしまう。本当に、韓国は法治国家ではないと思います。事前に法令で決めていないことでも、いくらでも解釈を変えてきます。呉先生も僕も、「報道する権利」と言わんばかりに、マスコミに勝手に顔を出されて、プライバシーも肖像権もない。反日は無罪だし、「親日派」を潰すためだったら何をしても構わない。

張成沢（1946—2013）
北朝鮮の政治家、軍人で、故金正日朝鮮労働党総書記の妹・金敬姫（キム・ギョンヒ）の夫。朝鮮人民軍大将、国防委員会副委員長、労働党政治局委員として、政権を継承した金正恩体制ではナンバー2。実質的な後ろ盾と見られていた。中国との関係が深く、改革開放的路線を進む政策を主導していたと見られるが、2013年12月、金正恩自ら「国家転覆陰謀行為」として全役職を解任、軍事裁判で死刑判決を受け、即時処刑されたとされる。

呉　いわゆる「国民情緒法」*ですよ。韓国は法治国家ではなく情治国家です。情緒が先に立って、法律も裁判も、その時代の国民の動きに合わせて使い方を変えていく、というようなことを平気でやっていますから。特に日本が絡んでくると顕著ですよね。条約も協定も合意も守らない。国際法も無視してしまう。その時々に形づくられる国民情緒の大勢、それが「正義」だからです。日本がその一番の被害者ではないでしょうか。

「正義！」を連呼する左派偽善者

WWUK　現政権や左派は、「自分たちこそ正義」だと思っているので、自分たちのしていることをすべて正当化できます。日本との出来事で言えば、二国間の取り決めも何も気にしない。決して「正義」とは呼べない前の政権や保守派、軍事政権時代に締結した出来事だから、自分たちがむしろそれを変えるんだと思っている。国際的に見れば、それこそ「動くゴールポスト」であり、単なる約束破りだから、まったく正当化できない。それでも僕が本当におかしいと思うのは、

国民情緒法
本来は、韓国国民の情緒に反する行為は実定法がなくとも罰するべきという不文律のようなものを示す言葉だが、時と場合によっては拡大解釈される。たとえ実定法があろうと、その時点での国民世論を優先させ、法の規範を軽視しても構わないという状況に至り、行政の法解釈、運用や、司法の判断までも左右することがある。「国民情緒法」という法律があるわけではない。

結局いまの政権やその支持者たちも、ずいぶんと汚いこと、ずるいこと、あからさまな「不正義」に手を染めてきた偽善者たちじゃないか、ということです。

呉　曺国の問題が代表的ですよね。

WWUK　そうです。自分の子どもの入学を有利にするために、大学教授夫妻が仲間とあれこれ手を回して、違法な推薦状をつくったり、ほとんど実態のない活動を証明してみせたり、友人の先生が書いた論文に名前を入れてもらったりして、日本で言えば「AO入試」みたいなシステムで有利な結果を得られるようにしている。まだ裁判をしているので確定的なことは言えませんが、起訴内容通りならば不正義そのものでしょう。韓国ではどこの親も子どもを学ばせるために死ぬほど苦労して、お金を使っているのに、特権階級はそこを仲間内での捏造でやすやすとクリアしてしまう。これは一般の韓国人も激怒するケースです。

呉　あれも、結局は「身内正義」の「ウリ」意識。子どもをいい学校に送るのは仲間内では「正義」だから、それが犯罪だったとしても「ウリ」の中では正当化されやすくなる。「ウリ」の伝統はあらゆる局面で垣間見ることができます。

WWUK　僕にはピンときませんが、たぶん、そういうことでしょうね。自分の家族だし、自分には権力があるのだから、大切な存在には何でもしてあげて当然と考える。要するに、家族主義そのものです。左派は自分たちこそ正義みたいな顔をしていますけれど、結局みんな「同じ穴のムジナ」じゃないですか。

呉　彼らには当たり前の話なのです。ただ今回、曺国が法務部長官（法務大臣）だったから、たまたま引っかかってしまっただけ。

WWUK　日本よりも韓国は強烈なコネ社会ですからね。

呉　現実には、たとえ法令に厳密に照らすと違法だとわかっていても、「ウリ」のためならしょうがない、当然だという感覚でやっている。そのようなことはみんなやっている。それがバレるかどうか。

WWUK　子どものころから脇目も振らずに勉強するってなんなのかという話でもあります。学歴、いわゆる「スペック」の高さばかりを追い求め、肝心な「人間性教育」は置き去りになっていませんかね。何を勉強したかは後回しで。これでは個人としても成長できないし、国としてもだめになりますよ。結局は親の力だけで子どもの将来はすべて決まる。努力は関係ない世界。ため息が出ますね。

呉　だから普通の人はいくら頑張っても、なかなか上に行けない。社会全体を蝕んでいるシステムと言えます。

英語漬けにされる韓国の学生たち

WWUK　僕の親は、それで僕をオーストラリアに留学させたんです。このまま韓国にいても子どもの可能性を潰してしまうから。

呉　曺国一家のようなコネを持つ人はごく一部ですからね。

WWUK　僕の親は、こういう韓国で学んでほしくなかった、という意識が強かったようです。まあ僕自身、正直勉強ができるほうでもなかったですし、あまり好きではなかったですから。それで中学で韓国を離れて、そのままオーストラリアの大学に通って、就職するというのが親の目論見だったはずなんですが、僕が日本を好きになって、いまこうして呉先生と対談しているんですけども（笑）。

呉　それはそれで良かったじゃないですか。いま韓国の学生は、どこの大学に行ったかというランクが細かく分かれていますが、海外留学すればそのランキングからは外れた、別扱いのような感じになりますね。

WWUK　留学生や帰国子女だと別扱いという感覚はありますね。やはり英語が得意になりますし、面接で同じような魅力の人がいたら、英語が高得点の留学組のほうが採用されやすいですね。

呉　英語ができるかどうか、これが知識だと思ってしまっていますね。

WWUK　僕は8歳くらいから英語の学校に通っていました。その割にはかなり忘れてしまいましたが……。ただ韓国では、母国語での思考が完成しないうちに英語を学ばせるので、いろいろ問題も生じているようです。未完成な韓国語と未完成な英語を交ぜてしゃべってしまうような子どもになってしまう。

呉　日本と違って、韓国語だけでは国際性もないし将来性もないということを多くの人たちが感じていますし、まして仕事の7割が外需ですから、外国語ができないと困るわけですよ。ただ、英語ができるかできないかだけで能力を測るのは、あまりにもおかしいと思いますね。ちょっと極端すぎる。私が初めてアメリカに行ったときのことです。ロサンゼルスやサンフランシスコなどのカルフォルニアの都市にはホームレスがたくさんいましたね。歩いていたり、車の運転中に赤信号で止まっていると必ず「お金をくれ！」と、どこまでもしつこく寄ってくるのです。そのとき、私は大変ショックを受けました。「物乞いですら流暢な英語をしゃべっているのか……」と。

当たり前のことですが、「これまでの自分は、長年どれほど英語勉強に投資してきたことか。なのに」と、自分の貧困な英語力を嘆きましたね。その環境に置かれないと言葉は難しい、と思ったものです。韓国人はその思いがことのほか強いから、子どもを英語圏に留学させる親が多いです。そして社会も、「留学＝英語達人＝知識人」というイメージになっていて、就職に有利になる。英語教育に投資するエネルギーの割合は極めて大きい。

ＷＷＵＫ　英語に対してはものすごく先入観がありますね。英語力の有無が人の価値を決めているように感じることすらあります。

呉　韓国人は、ただ英語を話せるだけじゃなくて、発音もネイティブみたいに話せたほうがいいと考えています。これもＩＭＦ危機以降に顕著になっています。英語力はグローバルエリートには不可欠なスキルと考えるようになりました。でも、英語をうまくできるか、できないかっていうことは、だんだん問題にならなくなるでしょう。言語能力、特に翻訳能力は、これからは間違いなくＡＩに取って代わられますから。ただ、深い会話能力は簡単にＡＩに取って代わることはできないだろうから、会話中心の英語力を身に付けることは必要だと思いますね。

ＷＷＵＫ　僕も英語に関してはときどき、翻訳ソフトを便利に使っています。最近のアプリやネットだと、しっかり文脈も読み取ってくれます。もちろんグローバル社会において英語は重要ですが、韓国は英語に関して、あまりにも神経質になりすぎているところがあるのではないかと思います。ただ、文在寅大統領は国家元首なのにもかかわらず、英語がまったくできない。というか母国語でさえ怪しいです。さまざまな会議や首脳会談のときですら、いつもA４用紙（台本）を用意して、それを見ながら話していますからね。このことに対しても韓国国民からはかなり批判されています。

危険だらけの安全保障

呉　私は志願して４年間女子軍に入隊したのでよくわかるんですが、男性は学ばなければいけないだけでなく、兵役もありますから大変ですね。兵役は最近ではかなり短縮されていて、２０２０年から陸軍なら18カ月ですか。北へのメッセージと国民受けを兼ねて、兵役の期間はどんどん短縮する方向に進んでいます。

WWUK　かなり短くはなったんですよ。昔に比べれば兵役は。

呉　私たち世代の時代、１９６９〜80年代の兵役は、３年でした。あのころはそれが当たり前だったし、子どもの数も多かったし。

ＷＷＵＫ　長い！　３年間も兵役ですか。いまの若者は耐えられますかね。学生から社会人になるまでの道のりに軍隊を挟むわけで、韓国では男が一人前の生活ができるようになるまで大変です。

呉　兵役を終えていないと採用してくれませんからね。ＷＷＵＫさんは兵役をどうされたんですか？

ＷＷＵＫ　僕はまだです。日本国籍が取れたら、そのまま免除される形になると思います。ただ、それでも昔に比べればいくぶん規律が緩くなったといいます。最近は兵役中にスマホを使えるようですし、これも左派による南北融和政策の一環でしょう。

呉　行かずに済むのなら行きたくないでしょうね、誰だって。

ＷＷＵＫ　それは嫌ですよ、本当に。普段「愛国的」な人でもそうでしょう。多くの若者の本音だと思いますよ。「君の愛国心はどこに行ったんだ？」という感じですが（笑）。ただでさえ就職難で、めちゃくちゃ勉強の準備もしなければならないのですから、いくら1年半になったとはいえ、正直無駄な時間を過ごさなければならないのはつらいです。そして若い世代は、「兵役までして守るような価値のある国なのか?」という感覚も同時に持っていると感じます。事実上、北朝鮮が「いまそこにある危機」と感じられなくなったこともひとつの要因ではないでしょうか。

呉　親も同じ気持ちでしょうね。いまは子どもが少ないから。せいぜい2人、1人しかいない人が多いでしょう。そういう時代ですから、兵役短縮は左派の政策とマッチしやすい。彼らは「今後北とは平和かつ融和的にやっていくんだから陸軍はそんなに強化する必要はない」という論理です。

WWUK　おっしゃる通りです。勝手にいろいろと38度線付近の設備を撤去して、あちこちガラ空き。いまはもう地雷も除去している。大丈夫なのかなぁ。

呉　若い人たちは軍隊になるべく行きたくないから左派を支持する。左派は軍備を減らすから北が軍事的に挑発してきても、それをそのまま受け入れざるを得ないという流れに持ち込めます。

WWUK　第2次朝鮮戦争が怖いなら北と融和しろと。

呉　そこは、とても現実的な問題です。

WWUK　それでも一応は休戦中ですから、何かしらずっと恐怖感はあります。

いつ北が38度線を越えてくるのか。ソウルなんて軍事境界線から60キロです。本当に北朝鮮から数分でロケット砲が飛んでくるような近距離ですからね。自分が軍隊に行っている間にもしも戦争があったらどうしよう……という恐怖は、韓国人男性なら誰でも持っていると思います。平和な生活に慣れてしまいましたから。

呉　それが怖いから、ますます北の言うことを聞くようになっていく。

WWUK　かつての軍事政権を考えれば、ここまで軍が骨抜きにされているのに、「果たして韓国軍内部から現政権に対して不満が起きないのか？」と疑問を抱く日本人もいます。ただ、それはあまりにも非現実的です。

呉　もう韓国側から北と交戦することはありえないと思います。

WWUK　左派の政治家たちと一緒で、軍もとりあえず国民の顔色ばかりをうかがっています。国民の雰囲気で左右される。自分たちの軸がない。軍自体の主張がないと感じますね。レーダー照射事件*がいい例ですけど、国民が日本に対して強硬な対応を期待しそうだから、その方向で対応策を講じるというものです。

呉　日本の自衛隊の方たちとも結構交流があるんです。食事会をしたり、お話を聞いたりする機会がありますが、かつて彼らは、韓国国防省のトップの方たちと

レーダー照射事件　2018年12月20日、大和堆付近の日本海上（日本の排他的経済水域内）で活動中の韓国海軍駆逐艦「広開土大王（クァンゲト・デワン）」が、警戒監視飛行中の海上自衛隊P－1哨戒機に対して無警告で火器管制レーダーを照射したとして日本側が抗議した事件。日本側の誤解、日本側の威嚇など二転三転する韓国側の言い分に対して日本側は映像資料等を公開したが、その後も韓国からの謝罪はなく、事実はうやむやのままにされている。

仲良く交流していろんな情報を交換し、相互に両国を行き来していたんです。それが、あのレーダー照射事件からはっきりと風向きが変わって、いまはそんな交流がなくなってしまった、残念だとみなさん言っています。

WWUK　これも文在寅政権になってはっきりと変わったことですね。

呉　反日感情が強くなり、軍と自衛隊との交流ができなくなって残念だという。とはいえ、韓国の国防部でトップクラスの方たちは、別に日本からの脅威なんて全然感じていない。まあ、当たり前な話です。いままでも日本からたくさん軍事情報をもらってきたわけですし。

WWUK　日本は多くの情報を与えているし、日韓のGSOMIAなんて、韓国からは何もしていないも同然でしょ。韓国は偵察衛星もないし、正確性もスピードも日本とは雲泥の差がある。北のミサイル発射情報についても、発表が日本より少し遅れる。しかも、情報が不正確だからあとあと微妙に修正して発表する。日本に対する居丈高な態度を思い出すと、本当に恥ずかしくなります。日本はアメリカから言われてGSOMIAにお付き合いしているだけなので、別に破棄してもらってもいいんじゃないかとも思います。

呉　軍人はリアリストですし、技術力の大切さを知っていますから、国防部の幹部クラスならば、日本の技術力には到底及ばないことを理解しているはずです。防衛大学校に留学した人もたくさんいるし、実際に現場の軍人は、まさかいきなり日本が韓国に攻め込んでくるとは夢にも思っていないでしょう。

WWUK　韓国は「ホワイト国」復帰を狙ってGSOMIAをカードに使い、アメリカに激怒されました。本気で怒らせると怖い国です。そして怒らせてしまう。

呉　アメリカの力の入れ用はすごかったですね。結局破棄の「決定」を「停止」したことになっている。

WWUK　もともとアメリカが望んだものですからね。でも、今後またどうなるかわかりませんよ。国民の感情をうまく反日から反米につなげる長期的な高等戦術かもしれません。いずれにしても、韓国のアメリカ離れは確実に進行していると感じます。実は、文在寅大統領は〝破壊の天才〟なのかもしれない（笑）。

日本の対中政策を曲解する韓国

WWUK　韓国人の中には、東アジアの安保問題でもすぐに「反日フレーム」をかぶせて、曲解する人がいます。日本は憲法改正して竹島を取りに来る、韓国をまた攻める、二度あることは三度ある……といった具合に妄想を並べ立てる。特にネットの世界でよく見かけます。日本人がそういう韓国人の発言を見たら、韓国人全体がそう考えていると誤解するでしょう。ただ、少し大げさな理解です。過激な左派がネットやSNSで、日本関連のニュースにいろいろコメントを書き込む活動をしていますから。「テックル（韓国語でコメントのこと）部隊《ブデ》」と言うんですが、右派も左派も、ネットニュースのコメント欄で激しく戦っています。大半の韓国人は、さすがに日本が攻めてくるとは思っていないでしょう。

呉　日本から攻めることはないけれど、韓国からは将来的にはわからない。

WWUK　安倍政権が軍事力を強化するのは、中国に対してじゃないですか。別に日本に限らず、世界中が中国を怪しい目で見ています。それなのに、安倍政権の動きをわざわざ「韓国への野心があるからだ」なんて主張するのは、ただのプロパガンダです。過大なファンタジーとも言えます。

呉　彼らの論理は、「日本は、本音ではもう一度戦争を起こすつもりだ！　一番危険なのは野蛮な日本の隣国である我が韓国だ！」というものです。

WWUK　完全な嘘ですよ。日本は中国とのバランスを取らなければならないし、そのためにはアメリカ、韓国、さらにはインドやオーストラリアと協調したい。いままで日本は韓国を敵視していなかったでしょう。むしろ、韓国の左派がその輪から抜けようとしているだけです。文在寅政権は、日本への嫌悪感を活用して、北や中国の安全保障体制をフォローするような動きをしています。日本と軍事面で対立することで、韓国がアメリカから離れるきっかけになればいいとすら思っている。

呉　反日を利用して離米へと動く。

WWUK　まあ反日の空気は色濃くあります。私たちのように「別に日本が好きなんですけど何か?」などと言うと、たちまちKY呼ばわりされて、あちこちから脅迫されます。何よりの証拠です。単なる嫌がらせではなく、物理的な脅威も与えてきます。

呉　反日のせいで反米の方向に行きやすくする、というのはよく考えたやり方ではありますよ。彼らからすれば、熟慮したことでしょう。

WWUK　逆に、もしも反米感情をあおって「離米」に成功して、めでたく韓国がレッドチームに行っちゃったら、かえって反日は薄れるんじゃないかとも思います。もう意味がないので。何だか皮肉な話ですが。

呉　その日はまだ遠そうですね。新型コロナウイルス問題を見るかぎり、一般国民の間では「反中」が色濃くなってきましたから。まだまだ反日は政治的に利用されるでしょう。

「反日＝正義」は完全な日本への差別

ＷＷＵＫ　韓国のマスコミに問題があることは、すでに呉先生や私に対する執拗な攻撃でも明らかですが、韓国人がやたら自分たちの民主主義を誇り、安倍政権を独裁とけなすように、韓国のマスコミは、よく「日本のメディアに自由がない」と言います。どういう基準で言っているのか、どういう心理メカニズムが働いているのか、僕には理解不能です。そのエネルギーも常軌を逸しています。

呉　日韓問題となると、韓国メディアは一方的に反日になってしまう。冷静さがなくなり、論説のレベルが低く落ちすぎて話になりませんね。

ＷＷＵＫ　しかも、右派・左派も関係ないですよね、反日報道については。もちろん右派のメディアは多少弱めに言ったりしますが、左派の場合は露骨に日本を中傷しますね。完全に日本に対するヘイト行為ですよ。

呉　韓国の民族主義は、反日を欠かせない民族主義、反日正義の民族主義です。

ＷＷＵＫ　ひどい話です。「反日＝表現の自由」で、「嫌韓＝ヘイト」という認識です。ダブルスタンダードそのもの。つまり、韓国側は昔から日本に残虐なことをされ、人権を侵害されているんだから、いま何をしようとも正当化されるという論理です。ただの開き直りでしょう。同じ言い方を日本以外の第三国にやったら、即刻ヘイト認定されますよ。困ったときの日本タタキです。

呉　日本相手ならば、どんな侮日も許されてしまう。

ＷＷＵＫ　これは日本人に強く勧めますけれど、しっかり韓国の言論をチェックして、ヘイトではないかと声を上げたほうがいいと思います。「反日＝正義」なのは韓国国内だけで許される話で、グローバルレベルで見ると完全な差別です。別に僕だけの意見ではなくて、外国で暮らしたことがある韓国人ならば誰でも理解しています。本当にこんな韓国の無礼な態度が悲しいし恥ずかしい。新型コロナウイルスですっかり消えましたが、２０２０年の初めに、ハリス駐韓アメリカ大使のことを「日本人とのハーフだ」という理由で左派団体がタタいた出来事がありましたよね。あんなのは１００％ヘイト行為ですし、相手は同盟国アメリカの大使ですよ。狂っているとしか思えない。左派は普段さんざん人権を主張しているくせに、ハーフの人をハーフであるという理由で親日派呼ばわりする。しかも韓国左派はハリス駐韓アメリカ大使の口髭に対し、「朝鮮総督」「日帝の巡査」を連想させると騒ぎ出す。ところが情けないことに、いまだに朝鮮総督府のイメージは強烈なので、そのイメージを重ねられるとあたかもいまそこに存在しているかのように錯覚する。

呉　さんざん総督府が残虐というイメージを自分たちがつくっています。

WWUK　韓国のドラマや映画でも、カーキ色の軍服を着て口髭を生やした日本兵を見ると、すぐ残虐な行為を抱くイメージが付いています。それがまずアタマに思い浮かぶので、ヘイト行為も何もあったもんじゃない。論理的に考えられなくなる。

呉　そこに疑問を感じるジャーナリストや評論家、学者がいたとしても、マスコミでそんな意見を出したら社会的地位を失ってしまう。

WWUK　日本タタキだって、結局お金のため、地位のためにやっている記者が多いですよ。韓国のジャーナリストが韓国国内で情報を伝えるときに、親日寄りの発言をすると誰も見てくれません。メディアに出る以上、反日は当たり前になっている。真実かどうかは後回しです。メディアに正義感なんてありません。

呉　これは右派のメディアでも難しい。反文在寅、左派批判をしたくても、少しでも親日的な発言を表に出すと、そこを攻撃されてしまうから難しい。

YouTubeはフェイクメディアに勝てるか？

呉　やはり、WWUKさんのような人たちが、YouTubeを主戦場に意見を発信するしかありませんね。韓国も、保守系の人たちがYouTubeを活用して自分の意見を発信する人が多くなりましたね。私はその流れでWWUKさんのYouTubeチャンネルもチェックしていたんですが、もっと視聴者の層が下の年齢層に広がっていくといいですね。

WWUK　ありがとうございます。ただ、大半の韓国人は、呉先生もさんざん言われてきたように、「お前はなんで国を売ってまでお金稼ぎしたいのか？」というコメントばかりですよ。僕は「WWUK TV」で「自称慰安婦」や「自称徴用工」、日韓併合の真実について、何度かライブ配信を通じて韓国語でお伝えしたことがあるのですが、その後やはり韓国のコミュニティサイトなどで猛批判されていました。

呉　いまYouTube自体に対しても圧力がすごいでしょう。

WWUK　はい。特に動画のコメントで、「お前はなんで韓国人なのに日本を擁護するのか?」と言われるのはつらいですね。歴史の真実を語ると、そのまま韓国を批判することになります。よく言われるのが「ヘイトスピーチはやめろ」なんですよ。もちろん僕はヘイト発言をしていません。何と言えばいいのか、露骨な言論統制、自由な発言へのプレッシャーをかけられていると痛感しますね。しかも今後韓国で「歴史歪曲禁止法」のような法律が本当に成立してしまったら、僕なんか本当に何をされるかわかりません。歴史を歪曲しているのは明らかに韓国なのですが、その歴史観と違うことを言ったら刑務所送りになるかもしれません。今後日本への帰化申請が通ったら、もっと本格的に韓国語や英語の字幕もつけつつ、いろいろ日韓の歴史における真実を伝えていきたいと思っています。その覚悟はあります。

呉　ぜひ頑張ってほしい。YouTubeの世界には本当に期待しているんです。あれだけ反日で固まった韓国から、若い人でこれだけはっきりと言ってくれる人が現れたっていうのは、日本人にとってはものすごく救われた感じがします。『反日種族主義』もそうですが、最近ようやく、日本に対する雰囲気が変わってきていると強く感じるんですよ。まだまだ時間はかかると思いますが。

WWUK　YouTubeで情報発言する人は本当に増えてきましたね。

呉　米韓同盟が危うくなってきたことを察知したのか、YouTubeを通して文在寅政権批判が増えてきた。韓国の保守系オピニオンリーダーたちは、もはやマスコミが出演させてくれないので、自ら発信しているのです。日本についても、いままではマスコミでは言わせてもらえなかったことを伝え始めている。実際動画の視聴者数も再生回数もみるみる増えている。あとは政権側や左派からの圧力に耐えられるかどうか。

WWUK　いま韓国の右派YouTuberは、ほとんど収益化できていません。動画を載せると「黄色マーク」と言って、広告を制限されてしまう。不適切だからという理由です。どんな勢力が邪魔をしているか、容易に想像できます。

呉　まさに言論弾圧ですね。それは韓国政府がやっているのですか？　それともYouTube本体？

WWUK　韓国政府が韓国のグーグルコリアに対して圧力を加えているようで

す。人権侵害、差別、不快などさまざまな理由をつけて、不適切認定をしている。そうなると広告が入らないからどのチャンネルも、動画に銀行口座などを乗せて寄付を募っています。本当に言論統制です。とても迷惑を被っています。

呉　左派は批判しなければいけないいじゃないんですか？　表現の自由や言論の自由への挑戦でしょう。もしかして知らんぷり？

WWUK　妥当だという意見が大半です。右派がやればヘイト、自分たちがやれば正義ですから。反対意見を言われて自分たちが不快になれば、それは不快だから差別だ、人権問題だなどと言って、YouTube側に通報するのです。これも「テックル部隊」同様に組織があって、一致団結して潰そうとしています。はっきり言えるのは、いまの韓国に言論の自由がない、ということです。

「世界一優秀な民族」と自画自賛

呉　悲しくなりますね。韓国人は、自分たちが常に優秀だと思っている。それが党派の争いになることもありますが、日本に対しては歪んだ「民族優越意識」になってヘイトを伴うような侮日をためらわない。

WWUK　最近はその考え方が肥大化してきて、日本以外の国に対しても、やたらと民族優越意識を発揮するようになっていませんか。外から見ていると、ちょっと恥ずかしくなります。

呉　最近、ある韓国の大学の先生が書いている主張を見たのを思い出しました。「日本が滅びる7つの理由」という話です。これもまた、根拠の薄い民族優越意識と、侮日意識を合わせて、見事に優越心を肥大化させています。

WWUK　日本を踏み台にして韓国人は成長するパターンですかね。

呉　結論は必ず「日本は滅びる」なんです。理由は、「日本の経済成長は終わった」とか、「安倍政権は間違っている」とか、「国の借金は世界一だ」とか、よく言われている理由ですよ。結局、「そんな日本よりも韓国のほうが優れている、われわれはもう日本を超えた」というふうに持っていきたいんです。

WWUK　妄想するのは勝手ですが、日本が滅んで一番困るのは韓国じゃないですかね？　僕ならそう思います。印象操作が極まっています。

呉　私はその発言に対するコメントを見て、むしろそちらに驚いたんです。この先生のうんざりするような主張に対して、まさにいまＷＷＵＫさんがおっしゃったような趣旨のコメントが結構書かれているんですよ。なかにはこういうコメントがありました。日本の経済力はいまだ米中に次ぐ3位でドイツより圧倒的に大きい、韓国とは比べものにならない、韓国でつくられている製品の素材や特許は相変わらず日本のもの、サムスンやLGが売れば売るほど日本にお金を払わなければならないことを知っているのか、と叱りつけている。

WWUK　おお、その通りですね。常識的な韓国人の中には、浮かれた妄想を撒き散らす〝文化人〟に我慢できない人もいます。

呉　コメントの書き手は、戦後日米と貿易をしながらさまざまな協力を得て、技術だけでなく経営システムや品質管理などを導入し、韓国が成長したことを理解しているのでしょう。先ほどWWUKさんの話と同様、日本が滅んでいいはずがない、日本と協力しなければいけないことの重要性に気づいています。他にも、文在寅政権の最近の歳出急増を見れば、むしろ韓国のほうが財政悪化を懸念すべきだ、日本が海外にいくら資産や債権を持っているのか知らないのか、と諭したりもしていました。

WWUK　正確な分析ですね。匿名でしか本音を語れないのが悲しいです。

呉　正しいでしょう？　日本がどれだけ失業率が低いか知らないのか、日韓貿易がなくなって滅ぶのは韓国だ……などなど。私が何を言いたいかというと、韓国も、韓国人もだんだん変わってきている。きっとWWUKさんたちのおかげで。

WWUK　それは褒めすぎです。ただ、とてもうれしいです。お言葉、誠にありがとうございます。こういった活動を続けていき、少しずつでもいいから理解者を増やしたいものです。

呉　いままではこういう冷静な状況分析などできなかった。日本を見下し、日本をバカにして自分たちの自尊心を保つパターンは、韓国社会のお作法であって、もはや常識です。表向きは日本を甘く見ても心配いらない、日本のやっているとなんてくだらないと言いながら、裏では日本製品を信頼し、絶対に日本に勝てるとは思っていない。でも、人前でそれを表すことは注意深く控えていました。

WWUK　日本の実力を認めたくない人たちが、呉先生を攻撃していたんですか。

呉　そう。でも、ネットやSNSの登場によるものか、文政権や左派があまりにうぬぼれているからなのかわかりませんが、少しずつ、事実や数字を見て、当たり前のことを当たり前に発言する人たちが出てきていることに、私は本当に少しだけど、ようやく希望を感じているんですよ。

ＷＷＵＫ　歴史の評価や文化論でいくら侮日しても、いま起きている経済危機や安保問題はあくまで現実です。事実をまともに正面から認識すれば、どう考えても北と組んで日米から離れるなんて、僕には狂っているとしか思えません。

呉　こういう話って、保守とか左派とかではなく、本当に国が成熟してきたのなら、冷静に、現実的に考えてほしいですよ。なぜ日本の会社が韓国にわざわざやってきて就職者を募集しているのか、一方で、なぜ江南に住んでいる裕福な韓国人が、こぞって「海外移住フェア」みたいなイベントに毎週集まっているのか。

ＷＷＵＫ　そうですね。海外に行きたがる韓国人は、一時的に減った時期もあったようですが、文在寅政権になってから再び増えていると聞きますね。

呉　その実態を知って少し考えるだけで、韓国と日本のどちらがまともな状況なのかわかります。韓国人は、とにかくまず、根拠のない侮日意識を外して、しっかり考えることから始めるようにならないと、永遠に救われないでしょうね。「日本は滅びる」と言いながら、自分たちが滅びます。

最終章

韓流プロパガンダに要注意！

いとしき日本人へのメッセージ

自虐史観は捨て去るべし！

WWUK　僕は日本人と付き合うなかで、自分の考えをＹｏｕＴｕｂｅで発信する前からずっと言い続けていることがあります。日本人、それも若い世代は、どうしてもいわゆる「自虐史観」に染まりすぎている。そういう教育を受けて、日本がとにかく悪く、悪いことをしたんだから謝らなければいけないという感情に陥っている。それは間違った考えであることを伝えたい。

呉　韓国人とちょうど正反対です。常に自尊的な歴史に酔って日本を侮蔑し、尊大な態度を取り続けている。一向に変わりません。

WWUK　そうです。韓国側の嘘をそのまま受け入れ、深く考えずに簡単に謝ってしまう。これは絶対に直さなければならない悪習慣です。

呉　韓国人も、そういう自分たちの考えを受け入れる日本人を「良心的だ」「親韓派だ」とおだてて扱います。気持ちいいんでしょう。

WWUK　そのせいで、日本の若い世代が日本への誇りを持てないのは間違っています。僕が日本語でＹｏｕＴｕｂｅを始めたのは、自虐史観に染まった若者に深い知識を身につけてほしいし、韓国側が出してくる嘘の情報に染められないようにしてほしいからです。しっかりと事実をベースに反論できるようになってほしいのです。

呉　日本の学校教育は、戦前の歴史について本来しっかり教えなければいけないことを教えていないですからね。歴史もそうだし、現在に至る日韓の外交関係についてもそうです。

ＷＷＵＫ　韓国側は、日本人が勉強不足だ、何も学んでいないと言いますね。本当にそこが危険です。まっさらで、何も情報を持っていないから、相手から吹き込まれたらそのまま信じてしまうかもしれません。韓国側がよく言う、戦前に日本に来た労働者は全員「強制労働」だとか、「自称慰安婦」は日本兵や警察が若い女性を20万人無理やり拉致して戦場で売春させたとかは、全部嘘ですからね。さらに、日本が朝鮮を不法に支配して搾取したとか、戦後「謝罪」も「賠償」もしていないとか、言いたい放題ですよ。嘘に嘘を重ねた話を「学ばなければならない歴史」と称して繰り返し教えている。いつの間にかそれが日本人の「常識」になる。ありもしない出来事を学び、真面目な人ほどかつての日本人に対し、憤りや恥ずかしさを感じてきたのです。そんなフェイクだらけの情報が、何も知らない日本人に浸透していくのを黙って見ていられません。韓国側から謝れと言われて、土下座する日本人なんて見たくない。

呉　旭日旗の話も、竹島の話もそうですね。韓国人は勝手に怒り狂って、どんどん嘘を継ぎ足している。嘘に嘘を重ねていく方法です。

WWUK　騒ぎ続ければどうにかなると思っている。国連や欧米各国でアピールするとかね。旭日旗も竹島も日本海呼称問題も、結局すべては日本を貶めるためにやっているのがミエミエです。自分の好きな日本が、愛すべき日本人が何も悪いことをしていないのに批判されるのは、本当にたまらない気持ちです。

呉　正しい愛国心とは何なのかという話ですよね。

WWUK　僕は、韓国と日本の一体どちらが好きなのかと聞かれたら、現在では迷わず日本と言えます。でも、韓国に生まれて韓国で育ったので、もちろん韓国という国に愛国心はあります。ふたつのアイデンティティに挟まれ、日々生きています。

呉　よくわかります。ときに、日韓の狭間でアイデンティティは揺れますよね。

WWUK　日本人にも韓国人にも真実の歴史を伝えたいと思います。将来的には韓国語で韓国の若い世代にも伝えたいですが、現状では物理的なリスクもありますので、日本への帰化をきっかけに取り組みたいと思っています。それまでは日本の人たちにもっと事実を知ってもらって、僕自身も海外に強く発信できるよう、スキルと知識を磨いていきたいですね。これは、誰から何を言われようと、たとえ家族に止められようと、続けると決めています。

呉　すごいなあ。若い方たちが、こうして勇気を出して現れてきてくださったのは本当に素晴らしいことですし、ＷＷＵＫさんを見て、あとに続く人もどんどん出てくると思います。最初の１人はとにかく大きな苦労が伴いますからね。

ＷＷＵＫ　でもそれは、呉先生のような〝元祖・親日韓国人〟の方々がいらっしゃったからです。もし、現代にネットやＳＮＳがなかったら、僕に何ができるかと思うと、先駆者の先輩方のご苦労がわかる気がします。

呉　私は本を書き始めて30年になります。初めのころ、出版を担当してくださった編集者から言われたことがあります。「呉さんの後にも、きっと同じような親日韓国人がどんどん現れるでしょうね」と。私も「そうだったらいいな……」と思っていましたが、実際はそんな簡単にことは進みませんでした。私のような作家が、たった１人も現れないなんてありえるのかと長い間、残念な思いでいました。ＷＷＵＫさんを見て、私は「やっと1人現れてくれた！　それもずっと若い世代から！」とうれしい思いです。ネットやＳＮＳのありがたみを痛感しています。

ＷＷＵＫ　先生方がメディアの中に理解者や、僕らが活動できる居場所をつくってくださり、いろいろと危険から守っていただいていると感じています。

呉　本当に頑張ってほしいし、日本人にも韓国人にもリアルな歴史事実を受け止めてほしい。本を書き始めて30年ですが、30年かかっても、韓国は変わるどころか、反日や侮日のパワーは増幅する一方ですよ。日本人の自虐感覚も似たようなものです。ＷＷＵＫさんのような新しい感覚で突破してほしいと思います。

日本人には「過剰に」愛国心が足りない

ＷＷＵＫ　呉先生にぜひお聞きしたいのですが、日本人には「過剰に」愛国心がないというか、自分たちの素晴らしい歴史にも関心が薄いし、国をあるがままに愛するという気持ちが不足していると思うのです。僕がいくら熱心に呼びかけても、若い世代はまだ反応が薄い。朝鮮半島や台湾、アジア諸国の発展も含め、自分たちのご先祖様がどんな素晴らしい仕事を成し遂げてきたのか。その輝かしい歴史を学ぼうとしない。そもそも関心を向けないのが非常にもどかしい。なぜ日本人って、他国が素直に示すような〝ごく普通〟の愛国心を持たないのでしょうか。

呉　難しい問題ですね。韓国では時代によって、対象は違っても「愛国」という言葉はよく使われるし、使わなければならないものです。単純に比較するとそこは日韓で両極端です。ＷＷＵＫさんも私も最初は韓国で育ちましたから、「その国に生まれれば当たり前にあるはずの愛国心」が日本人に見いだしにくいという感覚は、私もよく理解できます。

ＷＷＵＫ　日本人は、「愛国」というワード自体を避けている印象があります。何か悪いイメージがついているような。

呉　端的に言えば、日本で「愛国＝右翼だ」と言われるから避けてきたんでしょうね。「愛国＝戦争推進者」といったイメージがある。これは戦後日本ならではの特殊な現象です。国旗を飾ることも、国歌を歌うこともあまりしません。

ＷＷＵＫ　そうですね。韓国は町中でも家庭でも、そこら中に国旗が飾ってありました。ただ最近は、右派が太極旗《テグキ》をたくさん使って集会をするので、祝日に太極旗を出す家は減っているらしいです。

呉　WWUKさんの質問の答えになるかはわかりませんが、日本人には韓国のような「愛国」がない代わりに、誰の中にも強い「愛郷心」があると感じませんか？　生まれた土地や出身地に対する愛着や強いこだわりです。

WWUK　ああ、確かにそうですね。大人になっても故郷は忘れない。忙しい生活を送っている人でも、1年に何回か田舎に里帰りするとか。

呉　日本と韓国の明確な違いです。日本人はすごく故郷や生まれ育った地域の自慢をします。地域の歴史や食べ物、建造物とかについてもね。実際に国土が広いから、各地域によってすごく文化ギャップがあるし、歴史も違う。食べ物の名物なんかもいろいろあります。ご当地の名産物も自慢します。私は講演で日本中を回りましたが、招待してくださった地元の方は、皆さんほぼ例外なく郷土の自慢をするし、お酒や料理や郷土史を紹介してくれます。故郷を誇り、熱くアピールします。

WWUK　韓国は、そこまでの地域自慢はありませんね。

呉　もちろん韓国にも地域はありますが、いまや人口の半分がソウル首都圏に集中しています。「ソウル1強」なので、他の地域はソウルの比較になりません。政治、経済、文化のすべてがソウル中心で回っている。若い人は誰もがソウルを目指す。有名な大学はほとんどがソウルにあります。ソウルに馴染んだら、みんな最初からソウル生まれのような顔をします。地元に残る、地元に帰るという感覚はほぼありえない。せいぜい食べ物自慢くらいかしら？　それだって、日本の郷土料理の多様さに比べたら、比較にならない。その違いは、韓国人観光客が日本の地方に押しかけていることを見れば明らかですよ。日本の多様な文化は地方で根づいているのですから。

WWUK　韓国では、地方出身だと少しコンプレックスがあるかもしれません。

呉　そうでしょう。もちろん釜山出身であれば多少自慢もするでしょうが、たいがいは田舎者扱いされますよ。その他の地域は言うまでもない。私は済州島の出身ですけど、いくら済州島の話を一生懸命したくても、「田舎者じゃないか」って言われそうだし、いまでも無意識のうちにコンプレックスがあるようで、あまり言いたくないという気持ちがあるんです。日本人と違って、素朴な愛郷心って少ないですよ。日本ですと、テレビでも各県の特徴を紹介したり、自慢したりする番組を、長いことやっているじゃないですか。ご当地自慢の番組は、実際ユニークで面白いです。

WWUK　「秘密のケンミンSHOW」（日本テレビ系列）とかですか？

呉　そうそう。ああいう地方アピールの番組はあまり韓国で見かけませんね。

WWUK　歴史もかなり日本と違います。江戸時代と朝鮮王朝時代はまるで違う。

呉　韓国は朝鮮時代の500年間、全体主義的で中央集権的でしたから、わが民族（ウリナラ）という感覚が強烈に残っている。ソウルを中心、結節点として「ウリナラ」の感覚が確実につくられています。日本はほぼ同じ時期に地方分権の封建社会でしたから、それぞれの人に「われわれの地域」があったし、それが現代でも身についているんだと思います。日本人が一国としての「日本」を強く意識し始めたのは幕末、明治維新以降で、まだ150年しか経っていないんです。

WWUK　しかも、韓国には地域対立の歴史もありました。慶尚道《キョンサンド》と全羅道《チョルラド》*とか。タブーの歴史とも言えますね。

呉　そうですね。いまでも少し触れにくい問題ですよ。

WWUK　最初の話に戻しますと、日本人にはその素朴な愛郷心を、国家に、日

慶尚道と全羅道
古くは三国時代の新羅（慶尚道）と百済（全羅道）に端を発すると言われる。現代では主に朴正煕政権以降、軍事政権の大統領が慶尚道（特に大邱を中心とする慶尚北道）出身者で、人材登用やインフラ整備で有利に扱われたことへの反発から、全羅道は「民主化」の地となっていった。全斗煥のクーデターに反対する1980年の「光州事件」を武力鎮圧したことで対立感情は決定的になる。以後長い間、両地域での投票行動は明確に異なっている。

本という国に広げてほしいです。愛郷心は、もちろん素晴らしいですが、それだけで終わるのは惜しいです。もっと日本全体の価値を高めることを考えたほうがいい。愛国心って別に怖いものでもおかしなものでもなくて、愛郷心のような自然な感覚でいいと思います。それは変なことでも何でもないですよね？　それが不足しているから国際社会へのアピールが弱い。こちらのほうがもっと大切ではないでしょうか。自分の国に興味を向けたほうがいい。世界からフェアに評価される国があって初めて、地域も安心して存在できると思います。

呉　日本人は外国に行って、国家の意識を強く押し出さないようにしているように思われます。特に、アジア諸国に対しては少なからず罪の意識を感じている人も少なくない。反対に韓国人は、ことさらに「ウリナラ」を押し出していますから、地域にこだわるというのはなんだか恥ずかしい、という感覚がありますね。

WWUK　その状況で、日本と韓国が歴史や外交安保問題で話をするときは、韓国のほうが国家の意思がまとまりやすくなります。海外への影響力も後れを取りかねません。ぜひ日本人には、故郷を愛する心を、日本国全体に昇華してほしいですね。

韓流コンテンツが要注意な理由

WWUK　最後に、僕はどうしても言っておきたいことがある。冒頭にも申し上げた通り、僕のYouTubeチャンネルには、だんだん若い日本人の視聴者が増えてきたので、とてもうれしいです。体感として、BTS（防弾少年団）が好きで韓国に関心を持った女子高校生みたいな人も少なくありません。韓国のドラマや映画、アーティストを好きになった流れでたどり着く人がいるんですよ。

呉　その流れは素晴らしいじゃないですか。幅広い世代に届いていますね。

WWUK　はい。そこで感じるのは、芸能や芸術面で韓国が好きになるという感覚と、同時に日韓問題に代表される韓国の異常性について、冷静に心の中で共存できるのが日本人のバランス感覚だと思うのです。政治と文化を一緒にしません。この感覚は素晴らしい。韓国人には存在しない感覚ですよ。

呉　そうですね。韓国では、政権交代とともに消えていくアーティストも少なくありません。政治と芸術がリンクしているのです。

ＷＷＵＫ　僕のようなアイデンティティを持つ人間だから言えるのですが、例えば韓国ドラマやＫ‐ＰＯＰが好きだから韓国の政権批判をためらうとか、反対に韓国の政権は自称慰安婦問題や自称徴用工問題をひっくり返したから韓国のコンテンツは絶対に受け入れないとか、はっきりと色分けする必要はないと思います。韓国に対して全部ポジティブ、あるいは全部ネガティブに傾くのは、あまり健全ではありません。どんどんバイアスがかかるし、不必要な摩擦も増えます。僕のチャンネルの視聴者はそのあたりのバランス感覚を本当によく理解していただいています。「良いものは良い、好きなものは好き、悪いものは悪い、捏造は捏造」って感じです。常にフェアな是々非々のレスポンスですよ。Ｋ‐ＰＯＰを聞きながら文在寅政権を批判することはぜんぜん矛盾しません。現に韓国にそういう若い人は普通にいますからね。何もおかしくない。この感覚こそがＳＮＳでは支持されるし、理解もされやすいです。

呉　先ほどの愛国心ではないけれど、反対に韓国に対して過度に気をつかう人、日本は反省するべきという人たちが、過剰に韓国の文化を持ち上げるようなことも、ハタから見ていると滑稽です。

ＷＷＵＫ　変な気をつかって意見を言わないのも、気をつかいすぎてお世辞を言うのも真実を語るには不要だと思います。そういう対応って、相手を子ども扱いするような感覚ではないでしょうか。反対に、今回の対談本や呉先生のこれまでの著書を読むと、韓国人のいろいろな考え方が見えてきます。それを知ったうえで韓国ドラマや映画を見ると、「なるほど、このセリフはこういう意図が隠されているのか」と推測できます。それもまた、日本人ならではの楽しみ方としてあっていいんじゃないですかね。

呉　日本兵の描き方もそうですが、歴史ドラマの筋書きや描写は、結局歴史を「どう見せたいか、どう解釈させたいか」ということでもありますからね。お互いの歴史や文化、そして価値観を察することは、とても大切です。

WWUK　そこで気をつけなければいけないのは、いわゆる韓流コンテンツに、巧妙に反日思想を入れる可能性もあるということ。アーティストを好きになったらファンは盲目的になるし、言っていることは何でも信じやすくなる。例えば、アカデミー賞を受賞した映画『パラサイト 半地下の家族』では、「独島《ドクト》（竹島の韓国側呼称）は我が領土」の替え歌が使われています。

呉　最近は、日韓関係の悪化が必ずしもダイレクトに韓国のコンテンツに影響しません。これも特徴的な傾向ですね。

WWUK　特に若い人はそうなんです。一時期は韓国のコンテンツは中国市場に舵《かじ》を切ったんですが、例の「限韓令」*のせいで閉め出されて、再び日本市場に戻ってきました。なんだかんだ言っても、韓流コンテンツ輸出のメイン市場は相変わらず日本です。お金になる以上は、表向き反日、侮日的な感覚は抑えられています。日本人をむしろ韓国側に呼び込んでコンテンツをつくっていたりもします。ただ、韓国人の中には日本市場をＡＴＭ程度にしか思っていない人もいます。お金のためにしぶしぶやっているというポジションです。

呉　最初から輸出しやすいようにつくっているんですね。

WWUK　日本だけではなく、東南アジアも巻き込んでつくるのがうまい。日本国籍のメンバーがいるアイドルグループが多いですから。それを見て、韓国を目指す世代も出てきているそうですが、僕は何度も繰り返すように、韓国社会に対して無批判なまま、若い子を送り込むことには賛成できません。若い世代は、もっとその他の問題、政治や安保、歴史やそこから生まれてくる侮日ヘイト感覚についても、しっかり考えることが大切だと思います。見た目だけ、うわべだけで韓国に関わると大変な目に遭う。韓国ドラマやＫ-ＰＯＰの世界と、現実の韓国、現実の韓国人の感覚は全然違いますからね。若者が考えるよりも韓国ははるかに

限韓令
中国における韓国コンテンツ等への制裁的な措置の俗称。2016年に米THAADミサイルの韓国配置が決まったあと、中国国内での韓国ドラマ放映や韓流アーティストのメディア出演、イベント、コンサートなどが相次いで取り消され、韓国への団体旅行の販売もされなくなった。公式には何らの規制もされていないが、事実上は中国共産党の意向によるものという見方が強い。強弱はありながら現在も続いているとされる。

シビアな世界です。

韓国人にはストレートに意見をぶつけよう！

呉　日本人は歴史を学ぶのがとても好きです。戦国時代や幕末など、魅力的な時代や題材、人物もたくさんいますからね。ところが、日韓問題、日韓併合以降の話には注目しない。よく知らないから興味がないと、近代以降の日韓関係の歴史をあまり知らないことを教育の責任にする人も多いんですよ。

WWUK　教科書で近代や現代まで授業が進まないうちに、日本史の授業そのものが終わってしまうケースも多々あるらしいですね。

呉　でも、日本は出版大国で歴史の本はたくさんつくられているし、ネットでもさまざまな情報発信が行われているんですから、自分から歴史を学びにいってほしいです。真実を自分で調べることの大切さを忘れないでほしい。学校の授業に頼りすぎると、かえって中途半端な理解で終わることもあります。例えば、日本の学校では「日本は朝鮮半島に悪いことをした、日本は謝らなければいけない」

と教わることが少なくない。ただ、それはそれとして、別の観点からの書物では、「日本統治時代は国際法に照らして何も問題がなかった」「日本が朝鮮でいかに素晴らしいことをしたか」「併合前の朝鮮半島がいかにひどかったか」「北朝鮮はどんな事情で生まれた国なのか」……など、自分で調べてみると興味深い事実をたくさん見つけることができますよ。

WWUK　左派の多くは歴史を知らないから相手に言い返せないんです。

呉　そう。きれいごとでまとめたり、相手の言いなりになったり。「韓国は気の毒だ」というのは、一見相手を気づかっているようでいて、実は正反対ですよ。いつまでたっても韓国人の間違った見方が直らないし、ますます加速させてしまう。「日本も悪かった」「韓国の顔も立てなきゃ」というのは日本人らしい優しい考え方かもしれませんが、それは韓国人にまったく通じない。

WWUK　反対に「待っていました」と言わんばかりに、そこにつけ込まれる。

呉　原則として、韓国人には、ハッキリとものを言わなければなりません。これは上から押さえつけろとか、差別的に扱えということではなくて、そういう言い方をしないと伝わらない文化です。きれいごと、謙遜、マナーとしての褒め言葉、そういうものはすべて逆効果です。常にこの感覚を心がけてほしい。

WWUK　はっきり言うべきというのは、内容面だけでなく言い方も大切ですね。僕もその通りだと思います。堂々とした態度で、意思がブレることなく主張することで、韓国人は初めて聞く耳を持ちます。

呉　韓国人は、自信を持って話を堂々としてくれる人を、かっこいいと考えます。反対にあいまいに話をする人、ハッキリ言わない人は、馬鹿にされて相手にされない。そもそも根底には侮日があるので、強く主張することが不可欠です。

WWUK　まずは、第２次世界大戦に対するイメージを歴史教育の中でもしっかり固めることです。ちゃんと外に向かって語れる準備をしてほしい。日本はアジアのリーダー国としてアジア太平洋地域をまとめようとした。唯一西洋に向かって立ち向かった国です。韓国人はもちろんですが、日本人のほとんどがいまだにその勇敢な行動を知りません。

呉　日本人は、もっと自信を持って自分の考えを主張してほしい。そうすることで初めて、過去の怨嗟《えんさ》を断ち切り、フェアな日韓関係を築けるのだと思います。言われるままに、「自分たちが悪かった、自分たちが謝るべきだ」という日本人は、むしろ日本にも韓国にも害を与えているだけですよ。ＷＷＵＫさんたちには、知識だけでなく、どんどん日本人に自信をつけてあげてほしいです。

あとがき……「もうひとつの世界」と「もののあはれ」

ご存じの方も多いとは思いますが、韓国で言う「親日派」とは、日本に親しみを持っている人のことではなく、次の者を指しています。

①何らかの形で日本の朝鮮統治政策に協力した者
②日本の朝鮮統治を多少とも肯定したり、また肯定へつなげたりすると判断される考えの持ち主

いずれも韓国では売国奴扱いされることになりますが、言うまでもなく私もWWUKさんも②の親日派に該当します。

韓国に②の親日派は少なくないのですが、韓国社会では「親日言論」は事実上厳禁ですので、表立って「親日言論」を発する人はほとんどいません。多くが「隠れ親日派」を余儀なくされています。そういうことで言えば、われわれ2人

は「親日言論派」と言うのがふさわしいかもしれません。

ＷＷＵＫさんは若いのにとても優れた「親日言論派」ですが、じっくり話してみて、私同様に日本文化に対する思い入れがことのほか深いことを知らされました。ＷＷＵＫさんのような「親日言論派」と出会ったのは初めてのことです。

私が日本文化に深い興味を持つようになったのは、日本人の感受性、発想、価値観、美意識、社会性などに、欧米人とも韓国人・中国人などのアジア人とも異なる、独特なものを感じたからです。いまの私は、日本の中には「西欧的な世界」とも「アジア的な世界」とも違う、「もうひとつの世界」と名付けるしかない、独特の世界があることは疑いないと思っています。

私は、この「もうひとつの世界」と出会って、ほんとうに目から鱗が落ちる思いをしました。こんなに豊かな精神の世界があったのかという、強烈な驚きと新鮮な感動を体験しました。もしかしたらＷＷＵＫさんにも、どこか私と似たような体験があるのではないのだろうか――今回の対談を通してそう感じました。

「もうひとつの世界」に関わることですが、日本人の美意識のあり方で私がもっとも興味深く感じ、しかし「どうにもわかるようでわからない」と感じ続けてきたものが、対談でも少し触れましたが、「もののあはれ」とか、「わび」「さび」

と言われるものでした。そこがわからなければ日本人がわからないというほどの、肝心要なところだと思いました。この美意識は現代日本人にもよくわからなくなっていると言う人もいます。でもそんなことはなく、いまの若者たちの間にも厳然と息づいていると感じられます。

春に堂々と表立って振る舞う生命と、秋にひっそりと忍びやかに佇む生命。多くの日本人は、この秋に象徴される生命の様子に触れたとたんに、言い知れない感動が湧き起こってくるようです。それはまさしく「もののあはれ」でしょう。

こうした感動をもたらす美的な感受性が、歴史の中で発展を遂げ、高度な美意識にまで至り、なおかつ広く一般にまで広まって庶民化していったような事態は、世界の中で日本にしか見ることができません。

この日本人の独特な情緒のあり方は、どのように理解していけばよいのでしょうか。「これは仏教的な無常観によるものだ」と言う人もいます。仏教には生々流転する生命の無常が説かれ、小さな生命を哀れんで大切にしていく考えがあります。それならば、仏教の影響を受けた国に日本人と同じような美意識の広がりが見られるかといえば、まったくそうではありません。大部分がいわゆる光り輝く華麗なる文化を好み、日本のように枯れ沈んだ生命に深い愛着を寄せるような文化はまず見ることができません。

日本最古の書物『古事記』に収録された神話には、「かつて木や草が人間と同じように話した時代があった」とあります。また神々のほとんどが木とか花とか石とか、川の水の流れやその深みとか、海の渦潮や波とか、土地とか谷とか森とか、嵐とか雨とか霧とか、月とか太陽とか星とか……なのです。要するにことごとくがさまざまな自然物や自然現象や自然景観を本体としていて、しかも人間と同じように名前を持って呼ばれて人間同様に扱われていることに気づきます。

こうした「自然＝人間」といった意識は、自然を神として人間から区別する自然信仰よりもさらに古い、自然と人間とを区別することなく、自然と人間を同一で対等なものと見なす意識にまで届くものだと思います。この意識から発しているのが、私の言う日本の中の「もうひとつの世界」にほかなりません。

ＷＷＵＫさんの今後ますますのご活躍に心からエールを送りたいと思います。

令和二年四月吉日

呉《オ》　善花《ソンファ》

WWUK　ウォーク

現在、日本への帰化申請中。韓国・ソウル生まれ。中学校2年生の途中で、韓国からオーストラリア・アデレードにある中学校に編入し卒業。その後、日本の高校と音楽専門学校をそれぞれ卒業し、日本でゲームの楽曲や効果音を制作する会社に3年間勤務。現在はYouTubeで「WWUK TV（ウォークティーブイ）」というチャンネルにて、日韓の歴史における真実や時事問題の動画投稿をメインに生計を立てている。チャンネル登録者数は31万5000人。著書に『韓国人のボクが「反日洗脳」から解放された理由』（ワック）がある。

呉 善花　オ ソンファ

韓国・済州島生まれ。1983年に来日、大東文化大学（英語学専攻）の留学生となる。その後東京外国語大学大学院修士課程修了（北米地域研究）を経て、現在は拓殖大学国際学部教授。評論家としても活躍中。1998年に日本国籍取得済み。祖国から親日派と批判を浴びるも数々の話題作を送り出す。『攘夷の韓国・開国の日本』（文藝春秋、第5回山本七平賞受賞）、大ベストセラーとなった『スカートの風』（三交社・角川文庫）、『韓国を蝕む儒教の怨念』（小学館新書）、『「反日韓国」の自壊が始まった』（悟空出版）等多数。

「親日韓国人」ですが、何か？

悟空出版

二〇二〇年四月二十四日　初版第一刷発行

著者　WWUK（ウォーク）／呉 善花
編集人　原田 明
発行人　佐藤幸一
発行所　株式会社悟空出版
〒一六〇―〇〇二二 東京都新宿区新宿二―三―一一
電話 編集・販売：〇三―五三六九―四〇六三
ホームページ https://www.goku-books.jp

装幀　坂川栄治＋鳴田小夜子（坂川事務所）
印刷・製本　中央精版印刷株式会社

Printed in Japan　ISBN 978-4-908117-73-2